U0031836

打造
Xdite 鄭伊廷 / 著

超人大腦

極速閱讀、寫作、持續進化，
新手高速成長的逆襲方程式

用駭客技術打造超人大腦

王永福

這不是一本「正常人」會寫的書，畢竟，我也沒有聽過哪一個正常人會想要在一個月寫完一本書之後，再進一步嘗試一個禮拜寫完一本書！但這卻是一本適合「正常人」看的書，因為看了之後，才知道怎麼用駭客的精神，駭入我們的認知、學習、輸入、輸出、最後完成超人般的產出。

本書的作者 Xdite 就是這樣一個「不正常」的人，有人稱她大神，有人叫她駭客，有人認為她是天才，但也有人對她有兩極化的評價，覺得她狂、自我中心、搞不懂她在想什麼！

但是不管外界的評價為何，這幾年 Xdite 以驚人的速度，飛快地轉變著，不管是個人成長及事業轉換，都讓人不懂：她是怎麼做到的！

2016 年，在我的邀請下，Xdite 為了我及中部的學習者，特別在台中開了一班 Ruby on Rails 實戰班。課程結束的那天，我們一起吃了午餐。席間她談到要去北京教「全棧營」的課程。雖然人生地不熟也很多人勸她小心，她也不知道未來會怎麼樣，但她想用實力證明一些事情。

接下來的故事就是超展開了！在大陸教了兩期全棧營之

後，她用自己的學生成立公司，之後開發線上課程，然後因緣際會切入數位貨幣風口，又遇到大陸的政策管制！之後又轉念想要成立交易所，並在三個月內完成平台開發，搶入市場。

除了商業上的不斷轉化，過程中她不斷自我進化。她用生活駭客的精神，持續改進自己學習跟成長的能力。包含提出極速讀書法架構：用 30 分鐘就能消化完一本書；實驗極速寫書法：用一個月的時間寫完一本書，甚至再次精進，最後能在一週內寫完一本書（本書就是一週完成初稿的實作！）。過程中她大量閱讀，從認知心理的角度切入，不斷推進自己極限，持續優化能力。這完全是駭客精神，也就是找出底層邏輯，進行破解及優化。只是她這次想駭的：不是冰冷的電腦，而是我們每天都在應用的大腦。

神人或天才，會讓人欣賞，但卻不一定讓人喜歡的！就如同真實世界的賈伯斯跟馬斯克，他們極端的做事風格，也絕對讓身邊的人很受不了！但是我們還是可以從他們的身上學習到很多不同的東西。應用這些神人的方法，讓我們平常的生活有很大的改變！這些生活駭客的實戰方法，Xdite 已經全部揭露在這本《打造超人大腦》的新書中。這本書，是「正常人」的你，邁向「超人」大腦的操作手冊。向您推薦！

《教學的技術》、《上台的技術》作者

知名上市公司簡報教練

王永福

目次

人類大腦偏好「相關匹配」

從大腦裡刪除「唸」這道程序

即時複述很重要

正確「讀書」

你的拿手絕技是什麼？追求十倍速的精進

只有專業輸出的工作者能掌握到機會

有能力自動駕駛，到哪裡都順風

為何幸運一直來敲門？

如何製造幸運？

如何長保幸運？

幸運的基礎是做好風險管理

正常人做決策是基於穩定世界的推理

在不確定的世界裡，採用風險決策才能保持幸運

前言

輸入、輸出、持續進化。構建學習系統的三個關鍵點。

在這本書的開頭,我得先自白一件事。我不是腦科學家,也不算是教育家,最多最多只能算是個熱愛研究學習方法的程式設計師以及創業者。

寫作這本書和進行大腦的認知研究,出於一個偶然的契機。

2015 至 2016 年間,我曾經開過程式設計師訓練營。最早幾個版本是在臺灣開設的(線下手把手訓練)。一班人數 40 人。

隔一年,我打算挑戰更厲害的版本前往中國創業。這次的版本是線上的,一期 500 人。

很多人往往以為,線上課程只是線下課程的網上版,殊不知這其實完全是兩回事。不僅兩者教學形式很不一樣,挑戰難度也是大上 N 倍。例如:

1. 沒法看到學生練習的情況,即時反饋修正教材。

2. 學生很難線上求救。容易放棄。

3. 在重重困難的挑戰下，很多學生容易自我放棄。

為了讓學生能夠達到高學成率，在創立這個訓練營時，我開始去鑽研很多學問：教學法上的改進、認知心理學中大腦的原理、從遊戲設計找到如何提升動機等等。

在這段精進旅程中，我閱讀了幾十本相關的書籍。意外地發現，原來人腦不是不能被駭，而一些「傳說中」的學習加速技巧，背後都有科學原理。

更讓人驚喜的是，我發現自己一些過去在學習上以及工作上無師自通的高效方法，還可以更加細分拆解進化，達到過去十倍以上的效率。

這一路上不斷地拆解與推演，讓我無意中發現了一些大腦的神奇奧祕開關。

利用這些方法論，我開發出極速讀書法、極速寫書法、逆向企劃法，以及在工作當中的諸多方法，成果驚人：

■ 許多訓練營的學生一輩子沒碰過程式設計，卻在兩個月內學會搭建複雜的網站。

■ 許多以往讀一本書需要耗時一整天的朋友，紛紛表示他們在使用極速讀書法後，能用 30 分鐘看完一本書。

■ 我本人利用極速寫書法在 30 天內從無到有完成一本十萬多字的書，還越寫越上癮。

■ 周遭的同事與朋友的跨界學習能力越來越快，開始呈現指數型成長。

過去曾有人說，人類的大腦只開發了 10%。我相信這是完全有可能的數據。

　　假如把人腦比喻成電腦。我們在採購電腦時都會仔細研究電腦的規格，然後按照每一台的特性（適合文書，3D 繪圖，電玩等等）去發揮它最大的功用，也會針對電腦的規格上限做軟體最佳化。

　　但是，我們一般人在使用大腦時卻不是這麼做。只是暴力地直覺操作硬體，搞得自己挫折連連。

　　實在沒有道理不去挖掘大腦的規格以及高效率的應用方式，好讓自己在工作上與生活上更得心應手。

　　這本書裡面的分享就是這一類的大腦加速技巧。

　　這些技巧並不困難，不需要使用特殊技術，甚至不需要用意志力。只需要「改變自己的視角」。

　　很快的，你就夠衝破自己的成長天花板。

打造超人一等的大腦

時代進化得如此快速，但你我的大腦似乎仍未好好發揮潛能……

◇◇◇◇◇◇◇◇◇◇◇◇◇◇◇◇◇◇◇◇◇◇◇◇◇◇◇◇◇◇◇◇◇◇

羅輯思維執行長脫不花用一句話形容這個時代，我覺得很貼切：「國民總時間有限，但國民總焦慮無限。」

這個時代，大家都很焦慮。

大家的焦慮由兩個因素構成：**焦慮＝不確定**（太多不知道的東西）X **無力感**（太多東西沒有能力改變）。

過去我們處在一個恆定的世界裡，出了社會並不需要不斷地移動社會座標和學習。

不管你喜不喜歡，這已經是既定事實：現在的社會就像是一個「輸送帶」，推著大家每天不停地進化。

唯一能夠存活下來的策略，就是「不斷適應變化」以及「不斷學習」。

不再有什麼學了之後，一輩子一勞永逸的事情了。

▍ 時代變很快，人人都在面對新挑戰

我出生於 1980 年代，但我不是感受劇變最深的世代。我的爸媽才是，他們都出生在戰後嬰兒潮（1940/50 年代）。他們的經歷：

■ 從家裡沒有電視機，到現在常見到 60 吋 LCD 彩色平版電視機。

■ 從轉盤式電話到大哥大，到現在人手一隻智慧型手機。

■ 從沒有電腦到笨重的真空管電腦，到小型的 486 桌上個人電腦，再到人手一台的 iPad。

■ 從沒有網路到網際網路，再到行動上網。

在這樣的時代洪流中，可以感受到世界變化的腳步真的越來越快。

在以前，技術可能幾十年才會有可觀的進步。但在現今，可能每兩三年就會產生一次極大的變化和突破。

不過，雖然科技帶來給我們這麼大的進步。但人類大腦的發展似乎跟不上這個節奏。我們也會不自覺笑上一輩的人思考古板，跟不上時代。

但這樣的嘲笑，其實隱隱約約暗藏著我們的恐慌，跟不上時代這件事，會不會轉眼就發生在我們身上？

未來的腳步越來越快。想要跟上時代演變，就需要不斷學習。

雖知如此，卻很少人真的付諸行動。

不斷學習對於一般成年人來說，代價實在太高。原因是：

■認為學習耗費時間。出社會以後，我們實在沒有足夠的時間可以消耗在純粹學習上。

■認為學習已經在學校裡完成。許多人的求學經歷苦不堪言，現在沒有精力，也不想重溫。

■轉行與新增技能讓人覺得遙不可及。

▌ 大腦的潛能尚未完全發揮

此外，還有一個根本關鍵原因：

其實很多人不知道如何善用大腦。科技帶給我們物質世界的進化，我們卻不知道如何善用這些科技，好好地搭配大腦運作的原理，爆發出自己的潛能。

甚至許多人不知道「大腦」究竟如何使用。

腦神經科學家曾經認為：人類僅僅用了大腦的一小部分潛能，使用率不到10％。儘管這個說法已經在2010年被科學家認定是迷思。

但是我們都得承認一個事實：我們真的不太懂得運用自己的大腦，讓它發揮出最大的潛力。

在工作上為了學習以及提昇效率，我曾經自行開發並改進了數個劃時代的工作方法。

效果如：30 分鐘看完一本書。一個月內寫完一本 300 頁的書。

在這不斷精進的過程中，我開始想要探索和逆推人腦的奧祕。

很多人以為我的高智商和無限精力是天生的。這是錯覺。實際上是在一路演化的過程中，我逐漸掌握了人類的「生理開關」。

人類的農耕狩獵型大腦並非一無是處，只是絕大多數人不知道如何讓這樣的初始設置有效配合現代快速演化的資訊工具，所以才在成長學習上碰到天花板。

如果你也能夠掌握住類似的技巧，只要是 30 歲上下的人，理論上自身能力應該可以再成長 10 倍。

我自己在逐漸摸索且掌握住這些「開關」之後，開啟了一片超級廣大的世界，受益極深。

我認為在這個「劇變時代」，打破自身極限、不斷自我突破不僅是大家迫切需要的能力，甚至在未來 20 年，面臨社會挑戰必備的技能。

所以這是我想寫下這本書的原因。我想把一切分享給大家。

■ 輸入，輸出，持續進化

這本書主要談三個主題，也是我覺得一般人最需要提高的三個能力：

- 第一部：如何「提高輸入能力」。輸入能力是指讀書的能力跟學習上課的能力。

- 第二部：如何「提高輸出能力」。輸出能力是指寫文章、寫書、做計畫，規劃如何做得又快又好。

- 第三部：除了提高輸入輸出的頻寬，更要養成不斷成長、持續進化的習慣。在這一章，我還會分享如何「持續幸運」的祕密。

這是一個人人都很焦慮的時代，大家並不是不想上進，而是想努力，卻一直找不著、用不對正確的方法。白白消耗很多意志力，卻沒有達到預期的成果。

屢屢嘗試一些流行偏方卻時遭挫折，無法堅持下去。在一連串的挫折下，乾脆就放棄了。

我希望這本書能夠幫助大家突破這個困境。

在這本書中我不但會分享怎麼做，還會解釋背後的原理。

各位不僅能學習到技巧，還可以基於這些技巧與原理，發展出適合自己生涯的增長套路。

1. 輸入

第一部「輸入」主要會探討幾個主題：

如何高效讀書

讀書是一般人吸收資訊最常使用的途徑，也是成本最低廉

的方式。

但是讀書，對絕大多數人來說，卻是非常消耗精力，非常痛苦的一件事。

只要你能克服讀書這個關卡，在先天上就能超越 90% 以上的人。

如何輕鬆讀完一本書，並且有效記住大多數的內容，這會是我們首要探討的主題。

如何有效學習

除了讀書之外，學習還有一些其他途徑：如上線下課程、線上影音學習平台課程、遊戲。

我們不是不上進。但在過去學校的經驗中，我們真不是不想要認真上課，但是上到最後總會睡著。參加線上課程，總是上到一半就半途而廢，影片永遠看不完。

影音課程裡有很多厲害的知識，但是學習太燒時間了，看不完怎麼辦？上到大神的熱門搶手課很有成就感，為何回去沒兩個禮拜都忘光了？

這個章節，我會討論如何解決這些問題。

複習與練習

光靠不斷輸入是不夠的。上完課後沒有整理筆記和練習，一段時間後自然會忘掉。

繼續進步只有一個原則：刻意練習。

什麼是「刻意練習」？怎樣才是「複習」與「練習」的正確方法？如何持續複習和練習，直到上軌道，還可以進階成專業等級甚至大師？

2. 輸出

第二部「輸出」會探討幾個主題：

如何寫作

寫作是大家既想擁有，卻又不擅長使用的技能。對一般人來說難度相當高。往往內心有很多話要說，卻是對著電腦螢幕乾著急。

其實這不是你的錯，不少人面對電腦一個字都寫不出來。

在這一章，我會分享輕鬆寫作且靈感源源不絕的祕密。

高強度長篇輸出

除了作文之外，日常還會面對一些較長篇的輸出情境。比如投影片演講、簡報、做企劃案，甚至直播、寫書。這些都是高難度的長輸出。

這些也是一般人容易犯上拖延症的情境。

拖延症也不是一般人的錯。面對長輸出的挑戰，誰不心生畏懼？說自己可以信手拈來的人不是大師，就是吹牛。

這一章我會傳授「長輸出」的技巧，分享如何大幅降低難度的訣竅，甩開拖延症。

甚至會分享我如何在一個月內寫完一本書的實戰經驗。

▌ 3. 持續進化

我們往往認為高手能夠在職涯上不斷增長，靠的是強韌的意志力。其實恰好與一般人的猜測相反，高手的祕密不是千錘百煉的意志力，而是習慣與上癮。

職業上有傑出成就能站上大舞臺的同事，常會被同年同事嫉妒幸運成分太重。其實跟幸運與運氣沒多大關係，靠的是紮實基礎以及完全不一樣的決策系統（概率決策）。

在這一章我會分享在人生中不斷進步、挑戰常識的跳躍式成長密技，教你建立起無人能敵的競爭力。

▌ 打造超人大腦

我們都羨慕社會上那些有成就的人，認為自己一輩子望塵莫及。但事實不是這樣的，所謂大師、專家，很少有誰是天生的。

你以為的那些門檻很高的技能，你以為學習必須天資聰穎，其實只要找對方法換個角度，你也做得到。

我們的大腦本身就是一台硬體配置不錯的電腦，只是學校教育把我們教成一台慢速撥動的算盤。

只要搞懂怎麼用這台電腦，不停增進適合自己的效能，讓軟體跑得順暢，就能夠讓使引擎不斷地運轉、進步，邁向顛峰。

　　我希望各位讀者在看完這本書後也能打造自己的超人大腦，徹底脫胎換骨。

　　» 　世界瞬息萬變，要在當中生存必定得「不斷學習」。

　　» 　大多數人不擅長掌握大腦的「開關」，使得成長受侷限。

　　» 　「輸出」、「輸入」、「持續進化」三步驟可以輕鬆增進大腦效能。

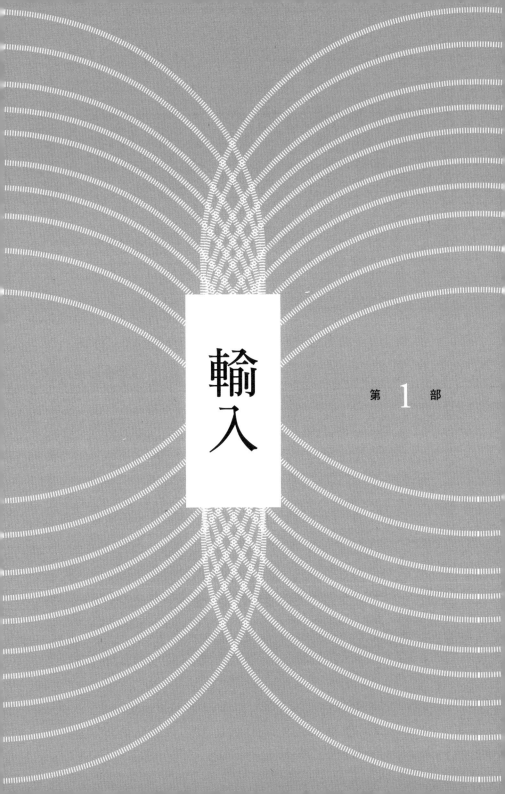

輸入

第 1 部

第 1 章

如何快速讀書

對很多人來說，讀書好歸好，卻總是心有餘而力不足。其實是你不懂讀書方法！

◇◇◇◇◇◇◇◇◇◇◇◇◇◇◇◇◇◇◇◇◇◇◇◇◇◇◇◇◇◇◇◇◇

讀書是一般人最常用來補充新知和自我精進的方式。

在這個瞬息萬變的時代，我們都知道趕上時代變化、精進個人技能這兩件事情非常重要。

但是，知道並不代表能做到。在成年人的朋友圈裡，你很難聽到哪個朋友平日有讀書的習慣，平日靠勤讀書更新自己的技能與認知。

其實不是大家不願意向上，而是讀書這件事的難度實在太高了。

在資訊爆炸的年代，取得資訊的方便度比起從前的時代方便太多，但是每個人讀書攝取新知的速度，還是停留在以前的水準。

這當中很大的原因在於：絕大多數的人不懂得讀書技巧。

我最常聽到周遭朋友排斥讀書有幾個主要理由：

■ 讀書速度慢

■ 沒有時間讀完一本書

■ 就算讀完書，也記不了太多

所以，即便「讀書」能有好處，但是對於一般人來說，投資報酬率顯然太低，因此動力不足。

▌ 其實你不懂「讀書」

你需要的是一套，能讓讀書這件事「投資報酬率」更高的技巧。

說來有趣，我們人生在學校裡面花費的時間，少說有十幾年。但社會上真的懂得讀書技巧的人，不誇張地說，可能十萬人中連一個人都找不到。

當然，你可能會覺得這樣的說法，過於誇張。

但是繼續看下去，就會知道為什麼我會說絕大多數人一輩子真的不懂讀書。

▌ 速讀是什麼？真的有用嗎？

說到提升閱讀能力，大家很容易想到「速讀」。

速讀能力是可以被培養的。坊間有補習班專門教人速讀，號稱能讓一般人的閱讀速度大幅提升，從均速每分鐘 200 字提

到至少每分鐘 2000 字。

聽起來很誘人，但是很多人對這套技巧半信半疑：

1. 這套方法真的有用嗎？

2. 速讀是針對閱讀方法的改善。但是長大成人後才去學習會有效果嗎？

3. 讀那麼快，能夠留下的知識有多少？

4. 速讀對考試有幫助嗎？沒用的話幹嘛要學？

這些是速讀者信仰者與懷疑者，幾十年來一直反覆互相爭執的問題，但很少人能好好地回答解釋。

身為一個天生具備速讀能力的人，我來分享速讀如何運作。

速讀的運作方式很簡單——

運作方式：讀一本書時腦子裡面不發出聲音，用一行一行掃讀，而非一字一字默念。用這套方式閱讀，速度可以遠較一般人快十數倍。

強化訓練方式：

1. 運用一些外部輔助教材，例如閃動字卡，逼迫眼睛快速閱讀，並且試圖不默念。

2. 用遮擋的閱讀器，逼迫自己一次看一行，而非一個字一個字看，用來改變閱讀習慣與速度。

這套方法有用嗎？看年齡。

我可以肯定地跟你說，在 12 歲前學這套方法可能有效。但是過了 12 歲再學，效果可能大打折扣。因為一個習慣從小養成了十幾年，很難在一夕之間改掉。

所以速讀補習班是設計給 12 歲前的小朋友去上的，因為他們本來就不知道什麼是正確的閱讀。

▌人人天生都有速讀能力

我天生就有速讀能力，在成長路上也遇過不少跟我有同樣天賦的人。

與他們一聊，才發現懂速讀的人都有兩個共同特徵：

■ 讀書時腦袋裡面沒有所謂「文字翻譯成聲音」的機制。

■ 上小學前就已經從報紙或招牌上學會認大多數的字，甚至懂得看一般童書。

而沒有速讀能力的人：

■ 上學後才認字。

■ 以為讀書就是像老師教的，在腦袋裡一個字一個字默念。

我才發現，原來有「速讀能力」的人不是天才。

而是原本人人天生應該都有這種能力，小學教育的老師把許多幼童的這種能力摧毀了，讓這些幼童以為在心裡默念才是「正確的讀書方式」。

才造成了絕大多數人在讀書這件事上低效率的問題。

時間一久，「懂速讀」與「不懂速讀」這兩群人在閱讀能力上的速度就天差地遠了。

■ 速讀能力與學業表現並無正相關

但是，具備速讀能力，能讓學生在學校的學業能力較為領先嗎？答案是「未必」。

因為在學校的考試要求兩件事：

■ 背誦熟練

■ 做題準確

這是學校「考核老師教學效果」以及「學生學習能力」的KPI。

遇到這樣的考核標準，速讀能力可能無用武之地。

所以，速讀這個技能在求學期間很常被低估，甚至具備速讀能力的人不會想讓周遭的朋友知道自己會速讀，以免會被嘲笑：「你會速讀有什麼了不起，考試又沒比較厲害？哈哈！」

速讀能力的重要性，在長大以後，才慢慢被突顯出來。

因為成人面對的是沒有標準答案的世界。這個世界充滿著各樣動態的考驗，能夠最快獲取答案並且解決執行的人，才是最吃香的人。

擁有速讀能力的人，最大的優勢在於遇到問題，第一時間就能在浩瀚書海中找到答案，而不是對讀書先天產生恐懼。在

這個時代反而如魚得水。

■ 速讀能帶給你什麼？不能帶給你什麼？

速讀具有巨大爭議是因為：

- 有一派認為速讀非常有用，能夠在資訊爆炸的時代快速吸收資訊。

- 另外一派說學速讀完全是浪費時間，對學業根本沒有幫助，也沒辦法運用在某些艱深領域上。

又或者是：

- 速讀僅適合非學業場景，在日常生活中很受用，例如閱讀課外讀物、小說。

- 另外一派卻吐槽：看那麼快有用嗎？還不是一樣記不住，還不如慢慢看記得牢。速讀的理解率也不怎樣吧！

究竟事實是如何呢？

速讀顯然在某些時候非常有效，比如說日常在網路上蒐集資料，或者查找一些實用書籍的技能資訊，用速讀可以節省大量的時間。

但是用來讀艱深的法典、上課用的教科書、準備考試卻不適用，反而什麼都消化不了。

但這並不代表速讀的用途很偏限。我認為人們對「讀書」這件事還有一個盲點，就是認為「閱讀」＝「吸收」。

有一派人的觀點就是認為，讀書必須隻字不差地閱讀，才能得到最好的吸收，所以速讀簡直是邪魔歪道。

他們喜歡狂吐槽使用速讀的人其實不怎麼厲害，看完東西也記不牢。

當然，這個觀察本身也是槽點滿滿。那些能夠隻字不差地閱讀的人看完一本書之後，能記得的內容遠較速讀的人更少。

心理學家赫爾曼‧艾賓浩斯（Hermann Ebbinghaus）曾經做過一個有名的實驗。使用了一些毫無意義的字母組合，測試者要記憶這些字母組合，並在一段時間間隔之後檢查遺忘率。實驗結果得到了下頁的曲線。

人類在一小時內能夠記憶的內容，遠較數小時後能夠記憶的多。

具有速讀能力的人理論上在一小時內能夠輕鬆讀完一本書，甚至 20 分鐘就讀完一本書。

而那些堅信得隻字不差地閱讀的人，讀完一本書要花上五到六小時，甚至花一兩天的時間。

等到他們讀到最後一章的時候，說不定都忘記第一章的內容是什麼了。

所以很多人讀完一本書後往往的感想是：這本書很厲害，但是裡面說什麼我忘了⋯⋯

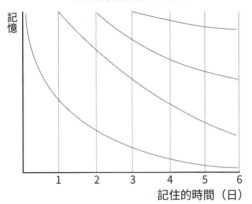

艾賓浩斯遺忘曲線

記憶

記住的時間（日） Wikimedia Commons/Public Domain

20 分鐘後，忘掉 42%，記住 58%。

1 小時後，忘掉 56%，記住 44%。

1 天後，忘掉 74%，記住 26%。

1 周後，忘掉 77%，記住 23%。

1 個月後，忘掉 79%，記住 21%。

■ 如何正確讀書：極速讀書法

許多人的讀書方法錯誤，才會對讀書感到恐懼。

正確的讀書方式是要將「看見資訊」以及「吸收資訊」兩個動作拆開執行。

「拆開執行」是什麼意思？我來舉個實際方法。

2017 年初，我曾在網路上發表「極速讀書法」，在當時掀起轟動。

書名： 問題： 動機：				要點：
				察覺點：
				總結：

　　具體使用方法是這樣：

STEP1：找出你最想問這本書的一個問題

　　請參考上圖這個模版，每次讀書的時候就寫上：

■ 書名

■ 想要問這本書的一個主要問題

■ 提出這個問題的動機

STEP2：限時 30 分鐘快速摘出 16 個關鍵字

■ 開始「快速閱讀」

■「快速閱讀」是指快速翻閱這本書，看到你認為最相關的關鍵字和段落，就記在表格內

■ 總共有 16 格，填入你觀察到的關鍵字

　　閱讀時旁邊放一個計時器，嚴格限制最多只能讀 30 分鐘。

STEP3：針對這 16 個關鍵字，整理出 3 到 5 個重點

■ 看著這 16 個關鍵字，整理出你認為的 3 到 5 個重點

■ 你會發現這些關鍵字都在講同樣幾件事，可以濃縮成 3 至 5 個重點或一連串的動作

STEP4：複述心得

■ 拿著這張筆記，馬上複述你在這本書得到的心得給朋友聽。

■ 你會震驚：自己竟然可以複述整本書所有的要點以及來龍去脈。

　　這個方法看起來似乎很粗糙，但先別急著唾棄。

　　給我一次機會，用這個方法讀上 30 分鐘，你就可以證明我到底是對的還是錯的。

　　當時，我跟別人分享這個方法時，很多人下意識的反應都

是嗤之以鼻。然而實際試過一遍之後，讚嘆這個方法的機率是99.99%。

舉個例子來說好了。我的同事們都是普通人，不具備速讀能力，最大的苦惱就是書永遠讀不完。

在公司的產品讀書會上，我召集了他們閱讀《認知設計》這本書。（當時的情況是我們要鑽研如何設計學習轉換率更高的課程）。

許多人不僅用小於 30 分鐘就讀完這一本經典書籍，還寫完一份摘滿重點的筆記。

更是利用這個方法依樣畫葫蘆，用新手的姿態連啃多本同類書籍，找到這門學科的重點，融合出屬於自己的洞見與解法。

原理：「看見資訊」與「吸收資訊」拆開
執行

我在幾十個人身上做過這個實驗。

普通人用這個方法，讀完一本 200 多頁的書並寫完筆記，只要 30 分鐘。（我個人速度比較快，10 分鐘可以做一本）

這個方法背後的原理以及關鍵是：

1. 人類的工作記憶區只有五格

許多人在讀書時有一個假設心態：希望能在一本書當中得到越多知識越好。

但是，在大腦的設計原理中，一個人的「工作記憶」只有三至五格。也就是讀一本書一次的時間內，你不可能記得超過五件事，這是鐵錚錚的硬限制。（關於工作記憶這個名詞會在本章後段解釋，你可以理解成是暫存區。）

你可以將讀書想像成，帶著一個只能裝五個水果、五公斤重的籃子進果園。果園滿地是水果，令人興奮，但是如果你沒有設定入果園的戰略目標，最後就會變成撿了西瓜、掉了蘋果，撿了橘子、掉了西瓜，撿了檸檬、掉了橘子。到最後什麼都帶不出來。

這不難解釋為什麼絕大多數人在讀完一本經典後，當你問他讀書感想，他們最後「只記得這是一本好書」。

要解決這樣的窘境有個比較好的方式，只有抱著「我要蘋果、我要蘋果、我要蘋果、我要蘋果、我要蘋果」的心態，最後懷裡才可能真的剩下五顆蘋果。

當眼中只有蘋果時，其他在路上出現的水果都會被扔掉，閱讀效率就會變得無比地高，完全有可能在 30 分鐘內找出果園所有的蘋果。

2. 限制才能帶來效率

我為什麼要設計 16 格筆記（格子還很小），而且還得在 30 分鐘內完成表格？有幾個原因：

■ 你得用筆寫，寫在紙上。紙就是你的籃子，人的暫存格只有

五格。如果不筆記，看完一本書之後，籃子裡面只有五顆蘋果而已。

■ 書裡面可能有 50 顆蘋果，有些蘋果其實不好吃。只有 16 個格子，可以逼人記下重點中的重點。

■ 格子這麼小，就是要逼你能夠用一兩個關鍵字把重點講清楚。

■ 有時間限制會迫使你效率加快。

當你摘了 16 顆蘋果之後，自然而然就能看到哪五類的蘋果是好吃的，而且還記得一路上摘蘋果的過程，學到挑出蘋果的訣竅，總結出摘蘋果的套路。

用這個方法，輕輕鬆鬆就能在 30 分鐘內做出一本書的筆記摘要，而且還不用受限於工作記憶區的硬限制。

3. 讀你千遍也不厭倦

如果路上看到很多橘子，摘不了覺得很可惜，沒關係。

你可再印一張表格，重覆「我要橘子、我要橘子、我要橘子、我要橘子、我要橘子」的過程。

這就是每次讀書都有不同滋味的概念，不用擔心真的遺落了什麼。

有時候我也會有類似情形，以為是去果園裡面摘蘋果的。結果一進去，只有五顆蘋果，但有三百顆橘子。我會果斷重來，只摘橘子。

4. 不需要逼自己一口氣唸完

有時候，你想唸的那本書太難，可能一本書就講了四個完全不同的概念。

這也沒關係，不需要逼自己在一張紙裡面試圖寫完四種概念。遇到這樣的情形，我通常是拆成四份不同的筆記。甚至也不會試圖一次讀完整本書。讀完我該讀完的部分，就直接換下一本書了。

5. 書是另外一種形式的「資料庫」，最好的手段是「搜索」

很多人排斥這個方法的其中一個原因是：不能隻字不差地閱讀，非常有罪惡感。

讓我給你一個新場景。當你在網路上搜索需要的資訊時，你會逐字閱讀完找到的每頁結果，隻字不差地讀完嗎？

當然不會。

同樣的道理也適用於讀書。你會發現，書也不過就是另外一種「資料庫網絡」。只是我們太過把書當作是一個「完整的實體」了。

如果你在網路上搜索資訊時不會逐字讀完，那你更不需要在讀書時產生這樣的罪惡感。

閱讀一本書最快的方式，本質上就是「線性搜索」。

給你一些小訣竅：

■ 一直記關鍵字、一直記關鍵字。不要停下來。

■ 千萬不要在找寫關鍵字時還在回想總結你以前的經驗，把格子當作心得欄填寫。

　　這個方法的執行重點是「只要記，不要思索」。

　　至於吸收的部分，暫時先不要進行。你可以在「找」完書後，最後再一次性地整理自己的心得。

　　有一些讀者看到這裡會覺得很疑惑？為什麼這套新筆記法，要求讀者只要「找」不要「總結」。

　　讓我花一點篇幅解釋，人類大腦是如何運作的。

傳統讀書法：

1. 讀→寫進記憶→讀→寫進記憶→讀→寫進記憶……

2. 寫進記憶耗費大腦功率，無法持久。

3. 人類只記得五段短時記憶，重複一千次也只記得最後五段。

極速讀書法：

1. 找關鍵字→寫下→找關鍵字→寫下→找關鍵字→寫下……

2. 將找到的關鍵字總結成一段心得。

3. 多次複述這段心得，成為自己的見解。

▌ 人類無法短期記住太多事情

人類的大腦記憶分成兩種類型，一種是短期記憶（又稱工作記憶），一種是長期記憶。

如果把人類的大腦比喻為電腦的話，工作記憶就像是暫存區。最多只能存三到五樣事情。

不管是速讀還是隻字不差地閱讀，能夠留存到最後的都是大概這個數量的資訊，而且速讀的效果還比較好。因為人類可以依稀記得 45 分鐘之內看過的東西，但是超過 5 個小時前的東西，可能就會完全沒有留下概念。

所以，以什麼樣的方法去「看見資訊」然後暫存在腦子裡面，都是無差別的，因為你都記不住。還不如用比較有效率的「掃讀」方式。

找到你要的資訊，並且「暫存」在紙上。

▌ 吸收＝理解＝創建新記憶

一般人對讀書的概念，往往是「看見內容」＋「馬上吸收」。

但是「吸收」非常耗費專注力，因為它本質上是把新認知到的記憶與舊有記憶融合在一起的過程。

因為太耗腦力了，讀書才那麼費勁。

如果原理是如此的話，那麼你可以改變自己讀書的方式。

極速讀書法的原理就是把「看見資訊」與「吸收資訊」這

兩個動作分開來：

■ 原先的方法是（看見內容 x1 ＋吸收 x1）x 100

■ 極速讀書法是（看見內容 x100）＋吸收 x 1

　　自然能夠大大降低讀書這個過程對大腦的負擔。

▌人類大腦偏好「相關匹配」

　　人類搜索資訊與檢索資訊的方式都是採用「相關匹配」，也就是：跟我相關的我才會發現。

　　你可能有過這樣的經驗：平常讀書時速度慢得要死，但是在期末做報告時為了趕時間，竟然有辦法從一大堆書、一大堆資料裡面快速找到需要的資訊。非常神奇。

　　因為在當時，我們只在意我們要的資訊，根本沒時間也沒耐性一字一字地看。所以你本來就有速讀能力，只是你從來沒有意識到自己打得開能力開關。

　　所以這當中的差異，只在於一個小小觀念上的轉變。

　　原先你可能捨不得快速閱讀，怕有什麼重要資訊漏下了，沒有一字一字閱讀心中有點不踏實。

　　實際上，根本沒有什麼好在乎的。人類會瞬間忘掉與原始目的不相關的資訊，所以何必強求要把整本書上的每個字都讀進去？讀越多也只是越浪費時間而已。

　　再來，你也可能有這樣的親身經驗：時隔兩年重讀同一本

書，反而發現很多在上次閱讀時沒看到的道理。甚至在看完以後，產生與上次不一樣的新感想。

其實就是這樣的情形。

許多人看書的原始目的就是要解決當下的問題。既然如此，又何必將問題糾結在於是否真的逐字細看？

這就是為什麼極速讀書法的首要原則是：帶著你想要問這本書的一個主要問題，快速閱讀。

■ 從大腦裡刪除「唸」這道程序

一般人讀書之所以非常耗能，還有一個關鍵點：

■ 一般人讀書會觸發的動作順序：眼睛讀進→默念→腦內聲音吸收成記憶。

■ 速讀者的動作順序：眼睛讀進→影像吸收成記憶。

前者多了一道「視覺轉聲音」的轉碼動作。

首先，聲音轉碼需要耗能，聲音轉成記憶又比影像轉成記憶更加耗能。一般人讀書這麼累，是因為多了兩道無謂的能量消耗。

其實這道工序在閱讀查找資訊時完全不必要。只是我們在小學的時候被教壞了，才以為讀書需要這麼費勁。

▋ 即時複述很重要

當然，唸出內容並不是絕對不必要，而什麼時候唸的問題。

極速讀書法的最後一個關鍵步驟，就是整理複述。

在寫下所有關鍵字後，把這些關鍵字整理成幾段心得。可以的話，就唸出來，甚至分享給朋友聽。而且

■ 盡量在 45 分鐘內做第一次的聲音總結分享。

■ 在讀完書的一天內，找兩三個人重複分享一到兩遍。

這個步驟非常重要。如果讀完一本書後，沒有唸出來複述，兩三天後就會前功盡棄。

這道工序為什麼這麼重要？

首先，用大腦記下關鍵字不代表真的讀進去了。我們的大腦只會對有意義的事情產生記憶與連結，所以你得把這些關鍵字編成一段對你有用的總結，這樣大腦才記得住。你只要記住這些結論就可以了。

再來，把這段內容唸出來，你也會聽見自己的聲音，這也等於「二次輸入」，有助於強化記憶。把內容唸出來並不是沒有用，而是邊看書邊唸會太耗腦力太痛苦，反而到最後什麼都忘掉了。

如果真要唸出來，唸自己的總結其實也就夠了。

最後，可以的話，在讀完書的 45 分鐘內做出總結，因為這時候還是大腦記得最多資訊的時段。可以的話，最好唸三遍。

背後的原理相當科學。丹尼爾·科伊爾（Daniel Coyle）在《天才密碼》（*The Talent Code*）這本書提到一個概念：

我們學習領悟一件事，基本上就是在建立一段神經回路。剛建立時，這段神經回路還很微弱。當我們使用這段回路時，就會產生一種髓鞘質（myelin）的神經絕緣體，包覆這段回路，越使用這段回路，髓鞘質越厚，絕緣性越強。這段記憶或技能就會更敏捷強壯，甚至到最後揮灑自如。

這就是為什麼學習技能後要練習，讀完書之後要總結，還要複述。

我們讀完書後做完第一次總結，這段記憶的神經回路還很微弱。多複述這段記憶幾次，能夠達到一定的強化。

▉ 正確「讀書」

相信我講到這裡，你應該大致明白為什麼我在開頭說：社會上真的懂得讀書技巧的人，可能十萬人中也找不到一個。

因為真正正確的讀書效果應該是這樣：

■ 高效

■ 開心省時

■ 記得住大部分內容

絕大多數人在進入學校教育後不僅失去了天生的「超能力」，還得不到正確的指導。最後視讀書為畏途。

我在第一章先介紹「極速讀書法」以及大腦運作的一些基本原理，很大一個原因是希望讀者理解，一直以來成長得這麼辛苦並不是讀書辛苦，也不是自己笨，而是你不懂大腦的使用方式。只要瞭解大腦的運作方式，換一種方法去使用，也能夠有極大的效率突破。你越清楚大腦的運作與相關限制，就越有辦法發揮出大腦最大的潛力。

為了能愉快地閱讀本書，建議也可以使用「極速讀書法」閱讀以下的章節，以取得最大的成效。

» 「速讀」能幫助人快速理解書籍內容，而且人人都具備這樣的能力。

» 正確的「極速讀書法」：提出問題→快速翻閱→整理重點→複述心得

» 處理資訊時，將「看見」與「吸收」分開處理：將「看見」的資訊暫存在腦海中，再以創建影像式記憶和即時複述來「吸收」。

第 2 章

如何有效學習

學習一直以來都令人負擔滿滿、興致缺缺，那是因為你所認知的「學習」不是真正的「學習」！

◇◇◇◇◇◇◇◇◇◇◇◇◇◇◇◇◇◇◇◇◇◇◇◇◇◇◇◇◇◇◇◇◇

成年後不只是讀書費力，學習任何技能的負擔都很大。

一方面是「學習新技能」需要時間，成年後可自由運用的時間變得非常少，難以專注精進。一方面是我們對於「學習」有許多錯誤的印象。

我們不喜歡學習，跟不喜歡讀書的理由差不多：

1. 耗時

我們從小對「學習」的印象，往往是坐在教室裡聽課，緩慢地進步。

成年後，自己的時程裡面沒有這麼多的「空白時間」可以浪費。

2. 看不到盡頭，容易放棄

讀書要花的時間容易估算。就算速度再慢，一本書只需要花五個小時到一天的時間。但是學會一項技能的時間很難估計。

如果最後要花上幾個月的時間，很多人會心生猶豫。

我們在出社會之後，不可能再投注這麼大的時間成本去學習一項技能。畢竟每個人出社會後都需要自力更生，沒有這樣奢侈的機會。

3. 記不住

我們可能都有過這樣的經驗：跑去拜了某某大師，上了某某熱門課，上課時很興奮，覺得自己是個天才，下課後一個月內把學的內容全都忘光了。

■ 學習不是 C/P 值低，是我們不瞭解方法

提不起勁學習的理由跟不喜歡讀書是一樣的，「投資報酬率」很低。

再加上過去的社會變動沒有那麼大，在職場上即使不進修，也不會被立即淘汰。二十年只從事一份職業，只擁有一套技能，便完全足夠。

但是在過去二十年裡產生了巨大變化。不管曾經花了多少時間學會技能，到了三四十歲可能就會遇到失業危機。

不是個人能力不足，而是科技在進步，機會的門檻在提高，而那些不需要技能只是重複性勞動的工作機會，被機器人或程式取代。

所以現代青壯年產生了濃濃的焦慮，好不容易練就了一門能餬口的技能，終於到了享受紅利的階段，卻要面臨重來的局面，但是已經沒有重來的本錢。不但有了家庭，還有養育小孩的責任。若還要拿休息時間去進修，顯然負擔太重。更何況體力與學習能力也急邃下降，處於進退兩難的地步。

正因如此，「有效學習」的能力才顯得很重要。

如果你有了學習超能力，不只能夠擺脫現在的困境，還能狠狠地超車。

■ 正確瞭解什麼是「學習」

與「不喜歡讀書」的問題一樣，許多人長大成人從學校畢業了，還是不知道如何學習最有效率。

首先我們要澄清第一個觀念，學習不等於「坐在教室裡面上課」。

學習的方式有很多種：

- 在學校向老師學習
- 在工作上跟前輩請教
- 在工作上熟練業務

■在網路上獲得新知，然後回去練習

■看書

■參加講座

學習的定義是：接觸你原先不知道的事情，然後內化成自己的經驗或技能。

▌過去認知的學習是「講述＋填鴨」

我們過去以為的「學習」只是教育方法的一種，名字叫做「講述法」（老師說，學生聽）。

「講述法」非常需要老師個人具備高超的教學功力。老師本身必需：

■學識淵博

■有很好的教學技巧

■知道怎樣讓學生學得開心又省力

而絕大多數人對「學習」充滿痛苦的回憶是，「好老師」並不存在。

如果你人生遇過一百個老師裡面有一個能達到這個水準，你又選到他的課，真的是上輩子燒過香。

在校園裡面，我們最常遇到的情形是：老師自己沒有真正融會貫通，或者教得不好，上課枯燥，不准學生上課睡覺……

我們校園生活的共同痛苦回憶，大部分都跟學習有關。

▋ 不討厭學校課程，而是討厭「學校學習的那一套」

當然，學校裡不只有「講述法」的課，課表上還是會有體育課、美勞課、工藝課等等，自然科學課通常還有實驗可以操作。

問題是，這些實作課在亞洲國家的國高中裡面基本上不存在。

為什麼呢？因為在亞洲國家評斷老師的標準並不是教的好不好，學生吸收程度有多少，而是學生考試成績如何？被重點學校錄取多少學生？

所以除了填鴨式教育，其他的教學方式都被棄置了。因為其他形式的教學，對老師的業績不會有正面效果。

填鴨式教育就是讓學生大量背誦學科的基礎知識，隨即不斷地考試，直到看到問題就能夠下意識地答出正確答案。

很多人痛恨填鴨法，因為青少年時被這個方法壓迫，絕大多數的印象就是：當下雖然學得很快，但是也忘得很快，而且痛苦不堪。

我們痛恨學習的主要原因，是因為我們誤以為學習就是指「學校的那一套痛苦的經驗與過程」。

但是說實話，我們真的討厭學校裡面上的課嗎？

我在求學時時注意到一件有趣的事，平平都是課本裡面的知識，很多學生喜歡補習班教的版本，而不喜歡學校老師上的。連我也不例外。

為什麼呢？因為補習班老師上課會講笑話，教的方法又好學很多，學了成績還明顯有進步。有陣時間我都覺得為什麼要去學校上課，去補習班就好了啊。

一個禮拜在補習班上兩小時，效果遠超過老師在學校教一星期。

這可不是笑話，很多學生打從心裡這麼認為「為什麼我要去學校上課？」。

當然，學校老師非常不喜歡這個論調，認為學生本末倒置。

不可言諱，多數補習班老師的教學技巧平均比學校裡老師好非常多。

我在大學時代，原本打算考研究所，當時我的代數成績非常爛（我讀應用數學系），去補習之後，成績開始突飛猛進。

補習班老師上課的技巧與拆解問題的視角，讓我的數學水平大大提升。一兩個月後，代數成績從 20 分吊車尾，快速上升到 120 超滿分，甚至只要是相似的數學學門，線性代數與離散數學，我的功力都突飛猛進。進步之神速讓老師懷疑我是不是期中考作弊，只是沒被抓到……

其實這不是我對數學沒興趣。補習班老師把入門難度降得非常低，讓我一路有辦法慢慢爬上去，甚至產生極大的興趣和

成就感。

我不是說學校教育一定爛，補習班老師一定好，填鴨法是衝短期績效的垃圾。而是我認為，學習這件事沒那麼簡單，背後牽扯到很多變因。

不可否認，遇到好老師能夠大幅降低入門門檻，甚至能激發出學生的學習熱情，這是我們的夢寐所求。

總而言之，大家對於「學習」的印象不好，其實背後參雜很多因素。

而且絕大多數人，一輩子沒弄明白過學習是怎麼回事。

▌ 如何快速入門：虛線框架學習法

我們常把一個領域比擬為金字塔，學習是一項登山活動。

但是以大腦的運作原理來說，技能學習比較像是畫一棵樹。

如果老師想要傳授的最終技能長這樣（圖 1）：

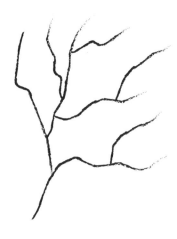

講述式學習法以及強調瞭解基礎原理的學習方式，比較像是這樣的軌跡（圖 2）：

學習基礎原理

　　這樣的學習方式不是不可以，只是一般人光畫出這兩條線就已經很辛苦了，更何況很多人畫完這兩條線後就宣布放棄。這樣學習很辛苦是因為：

- 耗時
- 看不到盡頭
- 記不住

　　比較快速的學習方式應該是這樣（圖 3）：

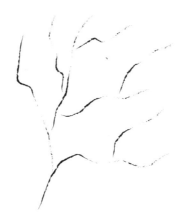

你會發現，教得好的老師都非常會設計課程，把要教的課程設計成如上圖那樣「虛線」的學習框架，學生在一開始就可以有根基，不需要千辛萬苦從頭學起，相對容易快速入門。

業界有個描述專業技能階段的德雷福斯模型（Dreyfus model of skill acquisition），將技能熟練度分成專家、精通者、勝任者、高級新手、新手五個等級。

不管進入哪個領域，從新手爬到高級新手至少都要耗費一兩年時間，還要懷抱熱情，中途沒有放棄。

花一兩年時間完整學一門技能，對成人來說是極大的奢侈。除了剛出社會的新鮮人或學生，沒有人有那個美國時間慢慢學。

所以，要完善技能學習的那棵樹，起手式不在於如何「建樹」，而在於如何「借幹發展」。找到真正的高手，向他拜師，學習他的「高頻小套路」（包括框架、方法與路徑）。

模型階段	業界比例	經驗值	不足之處
新手（初級工程師）		零經驗，只能照 SOP 一步步做。從輸入 x→y 得到運作規則	以為看了一本書就得到了武林祕笈
高級新手（工程師）	50%	懂得基本規則，能夠解決基本問題	沒有行業宇宙觀，對於基礎原理仍然一知半解
勝任者（資深工程師）		經驗達到可以把規則融合成自己的模型，獨立解決問題，尋找答案，向專家提問	
精通者（架構師）	10%	已經提煉出自己的架構與方法，設計解法，運用整體思考，熟練運用模型	
專家（大神）	1%	運用直覺解決問題，設計架構，交叉融合知識，推進領域發展	

　　我們常常在大師的學生身上看到大師的影子，就是這樣的虛線框架。

■ 如何熟練技能：填鴨式學習法

　　找到大師之後，如何熟練技能呢？

　　方法就是對著這個虛線框架來回補強斷裂點，以重複練習加強深化。

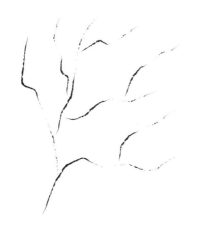

圖4：虛線框架　　　　　　圖5：反覆練習，把框架填滿

　　方法大家都很熟悉，這就是「填鴨式學習」：背下來反覆練習，機械式學習直到操作熟練為止。

　　看到這裡你可能會大驚：這不就是在學校經歷過的填鴨式教育嗎？這種方法不是沒有用嗎？

填鴨式學習不是沒有用

　　填鴨式學習法對於學習短期技藝非常有用。

　　我們在中學時用這套方法，不是學會了很多艱深技能嗎？

　　過年時我回家，爸媽希望我整理舊房間，清出那些早已不需要用的課本。我邊整理邊翻閱以前用過的高中課本、大學課本，才發現學生時代的我簡直太天才了。

　　那些艱深的數學問題、英文文法，隨便考都一百分，現在

每個題目對我來說簡直都是天書，一點解題思緒都沒有。

寫到這裡可能有人會反駁：我們當時用「填鴨式學習法」雖然學得很快，但是根本沒有時間好好理解學問背後的基礎，最後就忘記了。你怎麼能說這個方法是有效的？

各位可能掉進這樣的迷思：

填鴨式學習法雖然可以讓你在短時間內學會很難的事情，在測驗時拿高分。之後忘記的原因不是因為「沒有理解」，而是因為「沒有相關性」。

我在高中學習地理時記得湖南省有兩個湖，湖南產什麼作物背得滾瓜爛熟。但是我住在台灣，湖南產什麼跟我生活沒什麼關係。

期中考考完之後當然就忘得一乾二淨了。

瞭解原理有助於記憶？

這裡分享一個小故事。我在大學時的代數和線性代數非常強，時常考高分，閉著眼睛都懂怎麼解題。

數學是一門極度要求瞭解底層原理才能推導過程解題的學科。

現在我大學畢業已經超過十年了，如果有人再拿代數題目給我解，我現在不一定解得出來。

但是，換個更難的情況，如果你現在讓我去改良網站存取資料庫的效能，翻完一遍幾千行的代碼，我不用直接上機測試，

直接可以馬上指出哪一行是效能問題的元凶。

知識記不記得，取決於相關性，不在於是否瞭解原理。

填鴨法後去瞭解原理，是去建立記憶當下的相關性。

現在還能不能記得這些技術，是那一段記憶與當下有沒有相關性。

填鴨法對學習一門陌生且有難度的技能非常有效。你可以先用這個方式取得一棵樹，在記憶猶新時練習，強化技能。

比較可惜的是許多人在青春期受過填鴨法荼毒，下意識厭惡這個方法，到成年有自主學習權後全然改變了自己的學習方式，甚至反過來認為以後學任何東西絕不能用填鴨法，一定得從「理解基礎原理」開始，才學得紮實。

這就造成了嚴重的反效果。

從基礎學起不是不好，而是學習進度會回到圖 2，這種需要大腦大量能耗的過程：

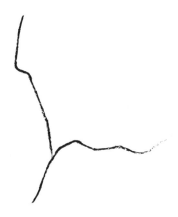

我在前面說過，這樣學習技能會直接「從入門到放棄」。

許多人抱怨在進入成人期後，學習速度會嚴重下滑。但我認為，進入成人期後，學習速度雖然可能會因為各種因素下滑，但最根本的是許多人根本沒搞懂什麼是「有效的學習方法」！

■ 如何找到好老師

虛線框架學習法的前提重點是找到真正的「好老師」。

好老師帶你上天堂，壞老師害你住套房。我們既然是新手，要如何判斷一個老師是不是真正的好老師？

我們現在先撇開教學技巧的討論，單就一個人是否具備真才實學值得你跟他學習。

我有一個基本的鑑定方法。我們在德雷佛斯模型裡面看到只有兩種等級的人具備自己的套路：精通者與專家。

一般而言，我通常是直接請教這些高手，問他身上有沒有一套適合新手快速上手的技巧。

如果對方是真的高手，他會跟你說，方法是絕對有的，但還是要努力練習。

如果對方跟你說，這世界上沒有套路或捷徑，只有認真練習。這種人就是假高手，跟著他學可能會進彎路。因為他本身只是高級新手，他做的技能不是沒有方法，而是他的能力還不足以建構出一套方法來。

當然，你可能會覺得這種判斷法非常武斷。

我們很多時候會認為「人多講的話就是對的」。

但是你還得考慮到一種情況：精通者與專家加起來，僅占整個業界人數的 11%，高級新手占業界人數的比例高達 50%。所以真實的情況中，那些講話很大聲給你錯誤建議的可能大多是新手！

▉ 模仿、重複練習

找到好老師之後，下一個關鍵是毫釐不差地練習老師的方法。

現代人在學習技能時多半沒什麼耐心，常覺得老師的步驟好麻煩，想要在學習的時候「東跳一步西跳一步」，加快學習腳步。這也是非常不好的學習態度。

跳步會產生一個問題：一般人學習之所以想要「跳步」，是因為舊有學校教育的速度非常緩慢，所以認為跳步學習才是適合自己的節奏。

但是學校教育是為了所有人設計的，要考慮到每個人的學習狀況，老師會盡可能慢慢教。

業界的技能學習不是這樣，正好相反。大師都認為徒弟應該具備了基本程度，所以他們創造的方法都能讓人以最快的速度學成。加上大師是技能上的大師，不是教學上的大師，他沒有必要顧及學習速度慢的人。大師設計的方法往往是一套「最

低標準」，任意跳步就會失敗，所以每一步都不能少。

很多新手剛拜師時學習進度很快，往往會產生錯覺，自以為是個天才。其實這叫做新手運。

因為在真實情況中，學習途中有很多坑。大師是走過了千百個坑，才總結出走這一條路不會掉下坑去。在學習過程中完全模仿這個套路操作，自然不會受挫。

但是很多人在這個階段就覺得大師也沒那麼厲害，搞不好這個方法我練個幾次，就可以幹掉大師了。這也是幻覺。不信的話，你跳脫大師的方法自己創作看看，可能瞬間就會摔死了。

我通常在拜完一個大師後，不僅會毫釐不差地先模仿一遍，更會不斷地重複練習。

先走一條不會掉坑的路，再反覆抽掉裡面可能會出錯的環節，試著真正摔一下。摔幾下，就會搞懂裡面的訣竅了。這時候我就對這門方法產生了獨到心得，老師給我的樹上長出了新知。

我會盡量在剛學完後多走幾遍，確保我真的搞懂了，可以靈活運用，短時間內不會忘記。

▍ 應用在工作上，強化相關性

跟老師學完技能後，我也會盡量利用工作的實戰機會練習新技能。

為什麼呢？

因為一天只有二十四小時。假設上班八小時，睡覺八小時，自主時間八小時。很多人上班時勉強做自己不喜歡的事，在休息時間練習，但是通常只擠得出兩小時。

跟上下班都可以練習的人比較起來，練習的時間強度差了四五倍。

其實我的策略不僅僅是上班時多加練習新技能。

更極端的是，我只學與上班業務相關的新技能，不學與工作無關的技能。除了能夠多出很多時間強化練習，而且學習動機是為了解決業務上的問題，要尋找相關資源的速度相對來說非常快。學完新技能後，與工作也產生了極強的相關性，不可能忘記。

我之所以放棄學習無關技能是因為：

我曾經師從 MJ 林明樟老師學習財報， MJ 老師的課號稱可以讓財務小白一天之內搞懂財報。上完課之後分析財務報表，可以馬上知道這間公司的業務是不是值得投資。我聽到別人推薦這門課，也興沖沖地跑去上。

這堂課號稱是財報界第一神課。

很慚愧的是，這門課我足足上了兩次才真正懂。不是 MJ 老師教不好，老師教得極好，我當天上完課就懂了。但是我當時不買股票，公司也算小，上完課之後沒有機會實際操練。所以第一次上完幾個月後，我就忘記學到的內容了。

所以，後來我意識到不管老師再怎麼神，不管我是不是當

下就學會，只要沒有運用在工作上就一定會忘記。

老師再會教，學生在最終意義上只是看了一場華麗的教學秀，產生不出實際應用價值。

能夠將知識唯一留下的辦法，就是刻意練習。

工作即學習，學習即工作

我認為社會新鮮人在出社會頭兩年，最重要的是找到一個自己非常喜歡的領域，然後想辦法摸出一套快速學習技能的方法。

然後從這個領域出發，去鍛鍊相關技能以及迎接相關任務，這樣的成長速度會遠超過一般人。

我剛出社會時也不是什麼神人，只是個懂得寫代碼喜歡寫網站的普通工程師。但是後來發現自己做網站有天分，就花時間提昇自己寫代碼的技能。

練到最後，發現自己就算工作速度很快也沒什麼用，因為團隊協作速度跟不上，會有瓶頸。所以我去學專案管理，提升專案協作進度與品質。

我帶領的專案開發速度變得極快，產品上卻遇到了業績成長的瓶頸，於是我又去學了成長駭客與創業。

學完成長駭客和創業之後，我拿這套理論回來重看程式開發和專案管理，有了全新的認知與感悟，顛覆了以前我所認知的軟體世界，才發現創業時什麼可以做，什麼不可以做，什麼

不用現在做，什麼可以優先做取得競爭優勢。最後開發出一套《閃電式開發》方法論，並且依此成功創立了三間還不錯的公司。

跨足教育領域也是始於一個契機。

我有一些朋友因為我精熟編程架站，希望我能系統化授課造福大眾。在當時，我的架站方法只適合本身有編程基礎的人學習。

但我一直也想要把相關的技術傳授給沒有背景的人，於是就去拜師學習教學技巧。

例如憲福講私塾的職業講師訓練、MJ 的教具課與 TTT 講師訓練，甚至還去上了劉功甫老師的遊戲設計課，網路上關於教學設計的大師課。

我花上大量時間鑽研課程設計理論、學習動機、人類如何學習、認知心裡學、遊戲化與上癮。在研究這些課題的當中，忽然間，我發現自己打開了一大片新世界。

不僅如此，我還發現，原本這些彼此看來不相關的領域是可以連成一片的。也就是當我學會認知心理學、遊戲化、上癮這些主題時，回頭一看，我發現這些領域的基礎甚至可以帶回產品設計的領域。

很多人以為我現在產品開發能力這麼高，學習能力這麼強，都是因為時間管理做得好，而且本身精力旺盛，所以可以擠出大量時間學習。

其實不是這樣的，我只是做到工作即學習，學習即工作。一天內有十八小時都在玩這些領域，既學習，又工作，更可以賺錢。一魚多吃。

工作真的是最好的學習方式。

所謂學習，就是把你不知道的變成你知道的，內化成自己的經驗。

既然每天要花八小時在公司上班，那你真的需要把時間都投資在學習工作上需要的技能，而不是勉強做一份不喜歡的工作，然後再抱怨老闆無能，同事無能，自己在這間公司成長很慢。

成長慢不是別人的問題，也不是公司的問題，是自己的問題。

斜槓青年的迷思

說到這裡要岔題，談一談「斜槓青年」這個議題。

現在有很多人喜歡將自己貼上「斜槓青年」這樣的標籤。

斜槓青年的定義是：同時會多種不相干的技能，能夠從事多種行業。

我覺得同時學很多技能沒有什麼不對。

如果你二十幾歲，要瞭解自己真正喜歡什麼，可以多多學習，嘗試不同的生涯方向。

但是三四十歲還說自己是斜槓青年，這就有點尷尬了。這樣的說法其實是一種國王的新衣，透露出自己並沒有一樣技能專精。所謂「樣樣通樣樣鬆」。

我知道現在很多人喜歡去上課。並且將自己貼上「斜槓青年」的標籤。

我只想提醒幾件事：

1. 一旦你專精一件事，很自然會產生一套屬於自己的學習方法，繼續去學第二套、第三套、第四套，會有加速成長的效果。但是，如果一直以來你從沒有精通過一項技能，去學第二門第三門技能的效率不會很高。

2. 很多人熱中於「上課」。這種活動其實不是學習，而是在施打解除焦慮的麻醉劑。短期看似有成長，暫時緩解了焦慮，在長期上根本沒有成長變化。

3. 為了追求時髦，而去學一些與上班無關的技能。首先是不可能有練習時間，所以也不會有實質上的進步。我看過更糟糕的反作用：因為狂上課導致工作與生活失衡。下班參加的課太多，寫作業時間不夠，結果整天的專注力都放在如何應付那些作業，搞得工作一直出包，被主管或老闆盯，搞丟了工作。這豈不是本末倒置。

所以，我更推薦去「學習對工作有用的技能」，並且找一份「自己熱愛的工作」。

不推薦多數人現在採取的策略：去從事一份自己不喜歡的

工作，用休閒時間學習下課後和一輩子不會用到的技能。

▊ 如何無師自通：攀岩學習法

在這章，我們花了大量章節在談如何跟老師「有效的學習」。

但是有一種狀況是，在你要攻克的領域裡面不僅找不到老師，甚至也沒有書。這樣的狀況要如何克服？

這並不是罕見的例子。工作時，我們經常會遇到混合性領域的挑戰。有時候你很難單單從一本書裡找到答案，甚至根本沒有好的答案。

這時候只能靠「自學」。

「自學」這個字很妙。從中文來看是「自我學習」，英文卻是叫做 Self Taught，「自教」。

「自學」本質上等於「自教」。

自教跟虛線框架學習法的步驟很不一樣，虛線學習法先找到老師，借老師的樹幹。但是自學時，我們要挑戰的領域裡面，沒有人有樹。

這裡我推薦用另外一種方式，叫「攀岩式學習法」。

攀岩式學習法就是預先打釘子掛掛勾，再把路一條一條串起來。

但是另外一個問題來了，既然是新領域，路都不知道在哪

裡，釘子往哪裡打呢？

這是有方法的。而且超過你的想像——把路倒過來走。

我們以前的學習法都是正著走，慢慢走到終點。攀岩式學習法是先找到終點，然後在眾人屍骨密集處，打樁搭橋走。

我會一一解釋這套方法的步驟：

STEP1：寫下當前的狀態

當前 ⟵━━━━━━━━━━━━━━━━━━━━⟶ 很棒

（差距）

比如說這本書吧，其實是過去兩年來我的「自教」主題：

- 起點：不懂任何超頻技巧
- 終點：看書輕鬆，學得快，記得牢，高效成長

STEP2：寫下遭遇的挫折

然後在這條路線下，寫下我或其他人會遇到的挫折。我發現走在這一條路上，大家常見的挫折是：

- 書看得不快不輕鬆
- 學得慢又容易忘

- 學習新東西沒有方向

- 不容易持續學習一項技能

　　如果反過來看，我需要攻克的主題就是：

- 如何看得快又輕鬆

- 如何學得快又記得牢

- 在學習時找到正確的方向

- 非常有熱情地持續學習

　　再來是拆解「如何看得快又輕鬆」。這個問題可以拆分成：

- 如何看得快

- 如何看得輕鬆

　　所以我要攻克的主題在：為什麼人類看書看得慢，而且看得很累？

　　問題出在「聲音編碼」的速度上限，「輸入」與「吸收」的耗能不同。那麼解決的方向就變得容易很多。

　　只要找到方法突破「輸入」的速度，問題就解決了一半。

　　一般人在一下子塞不了很多東西進入腦袋裡的暫存區。如果把東西寫到紙上，不即時吸收，而是 30 分鐘之後再總結吸收呢？

　　原本這些問題都是開放性問題，反過來看就變成了封閉性問題。每一題都有明確的答案。

STEP3：創造自己的方法

同樣是學習，為什麼正著走感到很絕望，反過來走卻效率這麼高？

如果我們把學習比喻成過一條河，方法論是在河上鋪一座橋。

搭橋的方法很簡單：一般人常掉下去的地方就是可以打樁的地點，而一般人通常會密集掉在某幾塊區域。將這些地點連起來，就是一條路線了。

解開這些問題，鋪橋就很容易。

這樣的方式能將原本相當大的開放性問題，瞬間變成許多固定的中小型封閉性問題，大大降低解題的難度。

等於快速搭起自己的虛線框架學習法。只要專注於解開幾個支點，就能找到明確的研究方向。剩下的就是找到學習資料，把線慢慢連起來。

而我在把線連起來之後還會有一個習慣，把這些線重組成一個新框架。

「極速讀書法」也是這樣創造出來的。

我非常喜歡造框架，因為人生當中會有很多重複性問題。造成框架，能夠節省大量的時間與力氣。

人與人之間的差別，就在於會不會想要動手去解決問題。動手解決問題之後，會不會想要設計系統性解題方法。設計完

解題方法，是否希望以後遇到同樣的問題，能夠一秒解決。

光是這樣的三重動作，就可以過濾掉 99.99% 以上的人。

» 過去認知的「學習法」不是真正的學習，厭惡的也不是學校
課程本身。

» 有效學習法一：向大師請教，藉由模仿、練習及應用學習的
「虛線框架學習法」。

» 有效學習法二：以「自教」為中心，解析當下狀態，將可能
遇見的挫折反過來分析，並創造自己框架的「攀岩學習法」。

第 3 章

如何有效學會

在正確讀書及有效學習之後，還得真正「學會」才是「輸入完成」！

◇◇◇◇◇◇◇◇◇◇◇◇◇◇◇◇◇◇◇◇◇◇◇◇◇◇◇◇◇◇

在上一章裡面，我們分享的是有效學習的技巧。

這一章要分享的是有效學會。

你會想問，「有效學習」與「有效學會」的具體區別在哪裡？

絕大多數的人困擾在於不知道如何從 A 點走到 B 點，而且覺得路太長，中途放棄。

有效學習的重點在於能夠找到正確的道路，從「不知道」變成「知道」，並且內化成經驗。

那為什麼要談「有效學會」？

在工作上，同事經常跟我請益，為什麼他感覺自己已經學會一項技能了，卻覺得跟我的功力差上一大截，而且往往越差越遠。

這是因為，絕大多數人都誤將「學過」當作「學會」。

「學過」與「學會」最主要的差異在於，是否「能夠重複以同樣的品質輸出」，且「不在關鍵時刻失誤」。

你應該見過有些人平日熱中學習，但是學幾年下來沒多少長進，好像在瞎忙，什麼都沒學會。怎麼學都還是一樣失誤。

並不是「學習」沒有用，而是這些人從來沒有「學會」過。

所謂「學會」是再走同一條路時能夠越走越順，越走越快，達到這樣的考核標準才有助於職涯的穩固發展。

▎ 不同的學習方式，不同的留存效果

此外一般人還有一種迷思：以為「學習」＝「上課」。

其實，學習分為很多途徑，並不只是上課。甚至若以上課形式來細分，它們之間還有學習效果上留存率的顯著差異。

美國學者艾德嘉・戴爾（Edgar Dale）提出了「學習金字塔」（Cone of Learning）的理論。在學習兩個星期後

透過閱讀能夠記得 10%；透過聽講能夠記得 20%；透過圖片能夠記得 30%；透過影像、展覽、示範、現場觀摩能夠記得 50%；參與討論、提問、發言能夠記得 70%；做報告、教學、模擬體驗、實際操作能夠記得 90%。

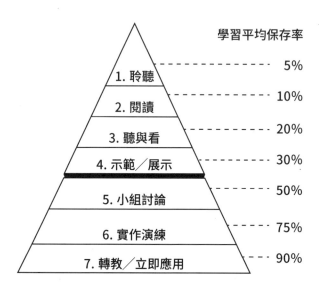

學習平均保存率

1. 聆聽 — 5%
2. 閱讀 — 10%
3. 聽與看 — 20%
4. 示範／展示 — 30%
5. 小組討論 — 50%
6. 實作演練 — 75%
7. 轉教／立即應用 — 90%

　　要留存在學習活動上收穫的內容，有兩個重點：

■ 用什麼方式學習？

■ 學完之後可以記得多久？

　　在過去的經驗中，我們認為的上課，多半屬於講述法（老師說學生聽）。

　　這個方法的學習留存率是最差的。

　　為什麼呢？

　　在前面的章節裡我提到兩個關鍵概念：

■ 人的工作記憶只有三至五格，超過的會忘記。

■ 資訊邊吸收邊理解，非常耗能。

　　所以，當使用講述法時，若學生遇到教學技術不佳的老師或講者，莫不痛苦萬分，度分如年。不是恨不得能立刻逃離現場，或者乾脆一睡了事。

　　從學習金字塔圖裡面，我們可以看出一些有意思的東西：

1. 閱讀效率＞聆聽效率

　　有些人因為先天讀書速度慢，所以改用聽的，認為這樣比較有效率。

　　其實就一般大腦運作的原理來說，聽書的效果實際上更差。

　　因為聽是一種線性行為，聽進了大腦，轉眼就會忘。再來，如果漏聽了，很難在腦海中「倒帶」。

　　如果不在內心默讀，眼睛能夠讀取的訊息量遠大於耳朵。

　　所以閱讀的效果比聆聽好（特別是如果你還使用了極速讀書法）。

2. 用到越多感官學習，吸收效果越好

■ 「聽與看」／「示範與展示」用到兩種感覺器官：眼睛、耳朵。

■ 「小組討論」用到三種感覺器官：眼睛、耳朵、嘴巴。

■「實作演練」用到四個部位：眼睛、耳朵、嘴巴、身體。

　　用到越多種感官學習，留存率會顯著提高。

3. 學習後立即輸出，效果最好

　　「實作演練」與「轉教／立即應用」的效果最好，因為做了一次完整記憶連結的輸出。

　　如果你在學習之後，還立刻轉教給別人，學習效果將會更顯著。

　　因為在轉教之中，教人者發出聲音，是一次再輸入。

　　我在幼年時，父母常要我別那麼大方，學會東西要藏私不教別人，以免減損自己競爭力，教會別人之後，自己的考試成績反被超越。

　　長大以後才發現，這其實完全是錯誤觀念。如果你學了以後還能夠教人，學習成果反而會大大加分。

■ 使用大腦特性改善學習策略

　　我們之所以先談學習金字塔，是因為當你瞭解這些大腦基礎的特性後，就有辦法改進學習策略。以下是我在學習時使用的一些特殊方式與技巧：

1. 聽完演講後，馬上寫總結

講述法（聽演講）是在日常生活中最常遇到的學習方式。

但一般而言，聽演講非常碰運氣。遇到好的講者，授課內容紮實又會控制節奏，聽者受益匪淺。如果演講枯燥又沒有重點，聽的人光撐著不睡著就是一種折磨。

所以我會在參加演講前，先做一些前置準備：

A. **閱讀大會準備的手冊**：在每場演講開始前，自己先對講題提出一些預設問題，然後在聆聽時只關注這些問題的答案（類似極速讀書法，只記關鍵問題與答案）。確保在演講之後最少可以得到一些確定性的收穫。

B. **對演講錄音**：一個演講通常很長，漏掉重點是很正常的事。如果漏掉，可以重聽錄音或重看大會演講影片。如果真的希望馬上複習，現在的轉錄技術非常發達，演講都可以轉成文稿，回家用極速讀書法重讀幾遍不是什麼困難的事。

C. **演講完當場寫總結**：演講一般是 25 到 45 分鐘，我會在演講結束後立刻寫一份總結。聽起來負擔很大，但是這樣的效果最神奇。不寫不相信，我後來發現，演講結束後馬上寫的筆記往往是最有靈感、寫最快、細節最全的。如果你是聽完一整天演講再回去整理，或者是等大會結束之後的週末整理，其順暢程度和記得的細節會隨著時間推移，越來越破碎與模糊。與當下就寫筆記相比，效

果大打折扣。

2. 聽無聊的演講，還不如打瞌睡

有些人會疑惑，覺得演講無聊也需要做總結嗎？

我通常會給一場演講十分鐘的機會，如果在這十分鐘內一無所獲，我會直接睡覺，保存精力。

有人會覺得花錢去聽演講了還睡覺，這樣很浪費錢。其實不會。你想想，要是硬撐著聽完一場不有趣的演講，下一場也不出色，但是接下來的很精采，可是你的腦力已經被兩場無聊的演講榨乾了，沒辦法好好筆記與輸出，不是很不值嗎？

通常技術大會的兩天議程會有十六場演講。老實說，如果這兩天可以在三四場中得到收穫，我就覺得值回票價。若是大會的工作坊與演講衝堂，我通常會選擇工作坊。

不只是因為活動結束後通常會有演講的影片，工作坊（實際演練）裡學習到的知識細節往往也是最多的。

3. 把所有學習媒介改成自己擅長的方式

大多數人的閱讀能力都不佳，所以他們會改用聽書的方式學習。

乍看之下，聽書較有效率，實際上除了聽得很開心之外，吸收效率是最低的。

我在研究出不同感覺器官的學習效率與留存率之後，毅然把所有形式的學習載體改成閱讀（我本身具有極強的速讀能力）。

　　為什麼下這樣的決定呢？

　　現代科技發達，語音轉寫服務已經很強，可以

- 聲音轉文字：我會把線上的語音課自行轉成一本個人用書，用極速讀書法讀完。

- 影片轉文字：我會把影音網站上的大會演講，透過轉寫翻譯，轉成一本個人用書，再用極速讀書法讀完（我上過創業課與天使投資課等網路課程，也都是用這種方式學習）。

　　這樣的好處是：

- 有耐性學完：通常一門課的第一堂與最後一堂的完課率會相差超過 20 倍，很少人能夠撐完一整門課程。

- 加速看完：極速讀書法適用於任何載體，你可以用很快的速度讀完，摘出有用的總結，牢牢記住。

- 可以倒帶：不僅內容可以倒帶，還可以隨時檢索，甚至隨時隨地多看幾次。

　　有人覺得這是土豪學習法，得花費不少錢。

　　其實這樣學習，超值得難以想像。

　　基本上，一門網路語音課程假設學費要 1000 元，我估算轉成文字稿的成本大約是 10000 元。

也許你會覺得太貴了。

但結果往往是這樣的，我花 11000 元能學完 100 堂語音課，你花 1000 元，聽了兩堂就放著不聽了，是誰花的錢比較不值得呢？

這類型的網路課程往往集結了講者一輩子的精華，花 11000 不為過吧？報一門實體課至少得一兩萬元，如果你花了一兩萬，才學了老師一兩招，這才較不值得吧。

再說影片學習這種方式吧。

影片放在網路上通常是免費的，自掏腰包花錢轉一集字幕，成本大約 1600 元，這樣的學習方法似乎感覺荷包大失血，沒什麼必要？

讓我來說明這樣做的好處。

我從事的是高科技產業，所以很常在網路上買書，但我發現一件事：在這個領域裡面，很多學說與經驗都是現在進行式。等到有人出書，等出版社翻譯成中文書再讀，已經太晚了。比較快的方式就是買英文原文書閱讀。

後來我又發現一件事，讀英文書並不是獲取大師經驗的最佳方法。

如果你在 YouTube 上搜尋，這些大師在出書前可能就已經經營部落格五六年，甚至過去兩年間在世界上巡迴演講同一主題數十遍。

很多書是大師的演講精要，後期編輯時才添加了許多故事

和總結。

如果你現在能找到大師放在 YouTube 上的演講，馬上學習。那豈不就等同於領先同領域者兩年以上的經驗嗎？

1600 元貴嗎？我覺得不貴。

現代社會是一個靠信息差賺錢的時代，用金錢去換取領先兩年的資訊，完全值得。

如果你知道這樣做的好處且願意去做，而別人不知道這樣的好處，甚至知道了也不願意去做。

一來一往，雙方之間自然會出現顯著的差距！

▌加強留存

除了輸入的感覺器官不同，使用多少器官輸入會造成顯著差異，學習後的留存時間和留存方式也有相當大的影響。

記憶就跟水果一樣，也有保存期限，需要注意保存方式。

所以想有效學會就要具備這些技巧：

1. 在一小時內複習

我們再看一次著名的艾賓浩斯遺忘曲線：

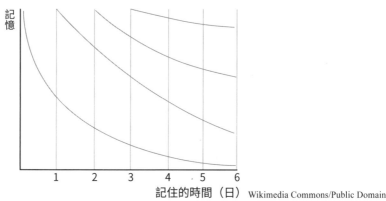

艾賓浩斯遺忘曲線

記憶

記住的時間（日） Wikimedia Commons/Public Domain

20 分鐘後：忘掉 42%，記住 58%。

1 小時後：忘掉 56%，記住 44%。

1 天後：忘掉 74%，記住 26%。

1 週後：忘掉 77%，記住 23%。

1 個月後：忘掉 79%，記住 21%。

只要時間允許，我往往會在一小時內複習。若是時間不允許，也會盡量在當天內複習。

2. 學完後馬上整理發表

在讀完一兩本書，或「讀完」幾堂網路課程後，我會定期發布一些心得，或者開直播分享。

並不是因為我勤快，而是當輸入量大大提高後，腦袋自然

會想輸出。而且讀的越多，靈感也越多，寫的也越快。

還有一件事很神奇：我對於發表過的內容記憶鮮明，而那些忘記發表的，忘了就是忘了……

留下筆記有兩個好處：

■ 將來當作寫書素材：我現在寫作非常快就是因為留下了夠多的筆記。要寫相關主題時，只要翻翻以前的筆記，瞬間就會勾出寫作靈感。

■ 容易跨界學習：很多人覺得我有跨界學習的超能力。大量使用極速讀書法後，我意外發現，當手上有兩三份不同主題的筆記，大腦看著這幾頁筆記就能自動對應到相關經驗，並將它們融為一體。我就是常常在交叉閱讀不同筆記之中跨界，找到新火花。

3. 融合設計出自己專屬的方法

我在上不同老師的課程時有一個習慣。因為通常課會上一整天，很難馬上做自己的總結筆記；老師又是講述、示範、實作，也很難重溫上課內容。我會在上課過後的幾天內，依循老師所教的內容，自己想辦法拼出原樣的順序，做出一個新的方法。

有時候不是每樣東西都要練到精熟，練到適當程度就行了。

我對自己的要求是至少要留下方法模式，也就是下次我看著自己的模式就能得出類似的結果。

所以我每次學完東西，都能越做越快，越做越好。

4. 重複使用剛學到的每一個步驟

我在職涯初期自認為比較笨拙，很多時候師父講一遍我聽不懂，很怕會被罵。後來我養成一個習慣，就是每剛學會一樣東西，就按照師父指導的步驟至少重練兩三遍。

新手很容易自滿，看前輩做覺得簡單，步驟清楚，以為自己馬上能學會。我剛開始也是這樣。但後續實作時就會發現自己做起來處處卡關，還常掉到坑裡面去，甚至要邊做邊想。

所以我後來在學會任何技能之後，一定會在一兩週內按照老師上課教的步驟，至少練習兩三遍，弄通卡住的地方，確保能一次完整重現這些基礎，真正學會。

練習完後，還會為這套技能寫一份自己看得懂的 Step by Step。一方面確認當下已經學會，還能確保以後不小心忘掉時，能夠藉著筆記找回來。

研發出新方法時，我也會用同樣的方式留存技能：重做一兩遍以打磨自己發明的方法，確保不會忘記，並檢視有沒有可以改進的地方。

各位現在讀的這本書就是「極速寫書法」的第二本練習作（上一本《閃電式開發》在 30 天內寫完，這一本在 7 天內寫完）。

▌ 關卡式學習法

許多人的學習是讀一本書，或是學一種技巧。

但是職涯中，有些時候要學會一整套功夫。比如說學會新的程式語言去寫 App，或者學會看懂一間公司的財報。學會的過程既長又難，中間還要查很多資料。

如何克服這樣的難題呢？

我前面已經講了許多大腦的特性和加速技巧，這裡要分享我日常學習新技能的方法，說明我如何利用這些綜合特性攻克這個大難題。這個學習法也廣為我公司的同事使用，成為他們自我提升的實用工具。

方法有幾個重點：

1. 把挑戰分為小關卡

2. 不貪心，一次只挑戰一關

3. 記錄錯誤比記錄對的更重要

4. 隨時隨地備份進度

5. 學會方法，創造新方法，並熟練內化

我以學習股票投資為例說明。

STEP 1: 細微地切分任務

利用搭橋法找樁。

我曾有一段時間密集學價值投資，對此有一長串的苦惱：

1. 怎樣投資股票才不賠錢？

2. 股票投資的原理是什麼？

3. 什麼時候該買進？

4. 什麼時候該賣出？

5. 我們都知道低買高賣才會賺錢，為什麼老是克制不住衝動低賣高買？

6. 覺得一間公司毛利很高，但是為什麼投資賠很多？

7. 為什麼覺得自己是價值投資一間公司，但是握住不動虧更多？

8. 定投是個好策略嗎？

我先列出這一類問題，然後去書裡找答案。不強求自己看得懂這些專業書籍裡面的每一個字，只是試著為每個問題找到對應的暫時答案與方向。

然後整理成一個小冊子，或者是待讀清單。

每一頁筆記都寫了我「當下的心得」。

STEP 2：找到相對應的系統宇宙觀

在解這些問題時。我認識到幾個關鍵詞彙：

1. 人類會追漲殺跌是因為「行為金融學」。

2. 不知道如何估值是因為不懂「財報三張表」的數字。

3. 「投機」與「投資」有根本上的差別。

4. 「賠率」大不等於「概率」大。

5. 股票有分「金融股」與「普通股」,「景氣循環股」與「民生股」,有成長股、起死回生股、隱蔽資產股。

6. 讀財報並不需要讀完 100 多個數字,在第一輪篩選中,基本上只有 25 個重要數字。

於是我把「怎樣投資股票賺錢」這個超大題目,瞬間縮小到 6 個具體題目。

開始一個系統一個系統研究,並且花時間筆記。

讀懂跑通這個領域當中的基本宇宙觀與詞彙。

STEP 3:具體練習並將練習過程自動化

當我在架構投資宇宙觀時,我試著架構出所謂的

■ 安全組合

■ 實驗組合

並且實際投資,以驗證我的理論。在一輪一輪實驗當中,我會記錄下自己實驗成功的部分,也會記錄下實驗失敗的原因與檢討。

並且寫代碼去驗證自己的假設,與旁人大量討論。

我甚至自己撰寫了閱讀財報的專屬小工具,讓學習更加有效率。用這個方法,我閱讀一份公司的財報不需要 3 秒鐘。

正常分析師讀一份財報需要 30 分鐘，我讀 100 份財報不需要 30 分鐘。

很多人覺得不必要大量練習。我剛開始從業的時候，也覺得練會師父的武功祕笈就夠了，大量練習真的很蠢。但是我因為「驕傲」而被整過太多次，所以相對有耐性。帶徒弟時也看到新手會在剛成功做出一個小項目的下一秒，因為太有自信而去挑戰魔王級難度，結果繞進大彎路，嚴重打擊自信心。

所以後來我在學習新技能時非常保守，非常有耐心。如果我不能將解決重複性問題的時間降為正常人的 1%，那就不算學會。

最後總不經意地誕生出驚人的發現與發明。

STEP 4：將筆記整理成技術文章發表

學完整套技術後，我會在適當時機筆記過去的草稿，重新整理出一篇技術檔，視情況發布給同事或部落格讀者。

六年來，我張貼在部落格上的技術文章非常完整，就是靠這樣累積出來的。

這麼做的好處是，我不會誤打誤撞，也不會忘記當初是怎麼做出來的，而且做出來的東西總有辦法傳授給別人。

所以我永遠有超能力寫出一份 Step by Step 的新手教程。

我在實驗與探索時，筆記往往會寫得很細很全。日後翻找筆記時，瞬間可以喚醒練習時的記憶。有時候還可以翻出當時

隨手記下的提示與例子，直接拿來使用。

這個方法讓我在程式設計師時代受用無窮，後來方法演變成我創業公司裡的開發團隊內規。甚至在同事的新人時期，就強力要求他們開發功能時一定要邊開發邊寫開發記錄。

這樣日後找開發資訊會非常快。以後要是想寫指南，也能不費吹灰之力完成。

過去很多人誤以為我對發表文章有執著與狂熱，因為沒人會主動整理那麼多教程，寫得那麼方便好用。其實說穿了，這只是我工作習慣上的副產品。

這個小習慣讓我受用無窮：

1. 對於曾經學過的技術，我的輸出非常穩定，基本上不可能犯錯，速度可以達到條件反射的程度。

2. 對於曾經踩過的坑，之後很難再掉進去。就算再掉進去，翻看筆記也可以瞬間解圍。有時候在網路上搜尋到的解法或大全，竟然是自己過去寫的。

3. 不想做重複工作時，打開過去整理的 SOP，不用想太多就能複製貼上做完。

4. 可以把 SOP 交給新手讓他照著做，自己有時間去做其他更重要的事。

5. 把技能傳授給很多人，就等於在與過去的自己合作。我看到許多大師不喜歡分享獨門技能，但是我不這麼看，你得把技能教給別人，自己才可以去玩新東西。而且讓

新手和我有同樣的做事習慣，等於有很多影分身，不好嗎？

6. 當時整理的 SOP 與教程很完整，很容易上手，其他人學了之後，基本上可以讓摸索時間從兩年減到三個月，甚至可以直接商品化，讓我脫離薪水階級。

▌ 如何「刻意練習」？

你會發現，一個領域裡面有那麼多從業人員，最後卻只有 1% 的人成為專家。一個專家的養成不是「學會」後盲目亂練，必須得經過刻意練習。

刻意練習又是什麼意思呢？

安德斯・艾瑞克森（Anders Ericsson）寫過一本書在學習圈非常有名，書名就叫做《刻意練習》（*Peak: Secrets from the New Science of Expertise*）。整本書的論點是：成為專家需要一萬小時的努力。

書的內容可以總結成兩個重點：

■ 創建有效的心理表徵是專家和一般人的主要區別。

■ 世界上沒有天才，潛力可以開發，並且要大量的刻意練習。

書中提到刻意練習有三個步驟：

■ 有目的地訓練：確定小目標不斷改進、專注、及時回饋、跳出舒適圈，做不擅長的事。

- 把複雜問題組成一個認知模組。

- 確立高績效的目標，以及應該提升哪方面的能力。

寫到這裡，大家可能還是一頭霧水。

我們都知道要切塊，做不熟的事情，然後反覆練習。但是「刻意練習」的標準在哪裡？

同事問過我這個問題。我反問他：「你的拿手絕技是什麼？」

▋ 你的拿手絕技是什麼？追求十倍速的精進

我在二十幾歲時跟普通人沒什麼兩樣，也算所謂的「斜槓青年」，東會一點，西會一點。寫程式會一點，專案管理會一點，寫作會一點，什麼都會一點，但不知道自己該扮演什麼角色，也不知道要往哪裡去。

後來我發現這樣下去不行，斜槓青年給人的印象是很有兩把刷子，但實際上一事無成，定位混亂。樣樣通，樣樣鬆。

我在家思考了很久，決定對自己立下一個原則：「學習可以學得廣且雜，但是在自己會的領域裡做事，要具備瞬間出手把事情擺平的水準。」

唯有這樣，「斜槓」才不會變成負面形容詞。

也就是說，以後在任何領域，我得自己設立一個閃電出手的最低標準，將解決問題的速度降到不可能再快。

我當初還是 Rails 程式設計師時，就覺得應該要把自己寫功能的開發水準練到至少一天做出一個小網站的等級。

　　這件事情不是不可能，透過勤練，或是寫自動產生器，應該都可以做到。

■ 程式碼熟練度可以練習精進

■ 切架構的速度可以練習精進

■ 寫使用者故事（User Story）的準度可以練習精進

　　我對自己的要求是：

■ 聽到一個想法，幾分鐘內就可以知道預計花多久時間寫完，一天可以有多少進度，三天可以有多少進度，一個星期有多少，一個月有多少，甚至預估需要多少時間。只准提前完成，不可延後一日。

　　這是我給自己定的標準。我認為，當職業程式設計師就應該具備這種水準。

　　我在 2009 年，程式設計師從業第三年就有這樣的功力，所以在 2012 年拿下臉書黑客松冠軍。

　　在當時，我代碼寫得快，時程抓得準，拿下冠軍真的不是僥倖，已經是我的直覺內建能力。

　　我在專案管理與文章撰寫上也對自己有相同的要求。

　　如果公司要開發一個大專案，我能在聽完需求後，馬上用一張紙列出人數、資源、時程、風險，而且隨時可以按照需求

調整。我認為這是身為技術總監應該要有的職業水準。

在寫作上如果要搶發一篇文章，能訂出一個題目，一小時至少寫 2000 字不用查文獻。我認為這是一個職業部落客應該要有的水準。

後來我在增長領域，發明出 3 小時創作出登陸頁面文案的方法（正常團隊需要兩週）。也在長篇寫作領域開發出一個月寫出一本書的步驟（一般寫一本非理論書籍要花 4 到 10 個月以上），甚至將功力精進到一週能寫出一本書。

我認為學習可以分出 3 層天然障礙：

- 第 1 層：瞭解的障礙（從不知道到知道）
- 第 2 層：掌握的障礙（從知道到掌握核心觀念）
- 第 3 層：活用的障礙（從掌握核心到真正運用於工作與生活）

很多人學習一輩子只對自己要求第一層，因此感覺學了很多，卻什麼都沒學會。

然而高手是無時無刻都用第二或第三層在鍛鍊自己。

什麼是第三層的成果？

我認為就是做到「刻意練習」，而且一出手能夠比人好 10 倍。

■ 只有專業輸出的工作者能掌握到機會

很多人可能認為，把「瞬間出手」當作最低標準實在太嚴

苛。

好 10 倍真的不嚴苛。你會感到嚴苛是因為很少人這樣做，而且要做到也沒你想像的那樣辛苦。

這世界上只有 10% 的人會復演第一遍，復演第二遍的人還是只有 10%。所以當你練到第三遍時，在同領域裡的水準已經晉級到千分之一。

一件事情練到三遍、五遍以上，並且能夠靠直覺反應掃除實作上的坑，然後你會發現萬事萬物都有一套方法。用上這套方法，就已經比你第一次做的時候快上三至五倍。練到這裡，都還跟「跨出舒適圈」無關。

再繼續深入，你會發現整件事根本沒那麼複雜，背後只有一兩條原理。掌握這些原理，瞬間的輸出功率就比人高 10 倍、20 倍。

當機會來臨時，這樣的差距很容易讓人創造出優異的成果。

所謂「職業選手」就是對自己的出手有信心，而且輸出穩定。日常做事時隨時都有成果，並有自信克服各種障礙，有頭緒去面對未知的挑戰。

更重要的是，在關鍵機會來臨時可以搶占難得的機遇，一夕之間躍上大舞臺。

這就是為什麼我們要刻意練習！

» 充分利用大腦特性，改善學習策略，加強留存效果。

» 「學會」一門全新技能的順序：隨時備份進度→細微切分任務→挑選適當題目→發表技術文章。

» 以「刻意練習」追求十倍速的精進！

輸出

第 2 部

第 4 章

輕鬆寫作

談了三章輸入經驗,我們在第二部要來談談輸出。

相比輸入,我認為輸出是更重要的能力。學了那麼多東西,但是沒有能力展示自己,豈不是吃虧嗎?

相較於學習的主要關鍵都掌握在「別人」身上,「輸出」的關鍵是自己完全有辦法控制的。

話雖如此,絕大多數人對於「輸出」更是傷透了腦筋。

輸出的方式有很多種,有寫作、演講、做 PPT、創作程式、寫音樂等等……

更多人把「輸出」能力視為是一種「天賦」,而非「與生俱來的能力」。

在這裡先不談那些較為複雜的技能,就先談「寫作」這一件事吧。

在眾多輸出形式上。我認為寫作比較像是「人人都應該具備的技能」,而非是只有特定人才能具備的「天賦」。

所以這一章,我想來談談如何提升「寫作能力」。

■ 「靈感」是無法鍛鍊的能力嗎？

說到寫作，你應該有過這樣的經驗：明明很想把經驗記錄下來，分享給別人，但是一坐到電腦前，大腦就一片空白，不知道從何寫起。

或是想寫一篇文章，不斷地重寫第一段，怎樣寫都不對。光是為了擠出一篇一千字的文章，就快要了自己的命。

身為一年至少寫出數十萬字的業餘部落客，很多人羨慕我寫長文的能力，希望知道我有什麼祕訣。

其實說老實話，我也不知道自己有什麼祕訣，總覺得自己能力還蠻強的，想寫時總幸運地有一大堆靈感可以構思。

不過，我也拿靈感這件事沒輒。

我也跟一般人一樣，有靈感時動輒下筆萬言。沒有靈感時，怎樣也逼不出一個字來，只能呆呆看著空白的輸入欄位。若是硬寫，文字往往也糟得要命，根本沒法讀。

靈感這件事太玄，難以捕捉，似乎無法鍛鍊。

身為一個大腦研究者，我承認這件事，但不相信這件事。

我想探究靈感到底有什麼祕密，有沒有辦法量化和強化。

在我研究認知心理學，破解學習上的「學會」祕密後，我才發現一件事，原來寫作靈感也是有辦法鍛鍊的。

■ 靈感＝記憶網

首先，你可以把靈感看成一張「充滿記憶點的網」。一旦靈感來了（形成一張網），不用打草稿就可以寫出滿意的文章。

也就是說，靈感往往出現在你對一件事情有滿滿感悟的時候，或者是你剛讀完一本書，或經歷過一個事件之後。

剛經歷過有效學習，為什麼你有辦法馬上複述給朋友聽，就是同樣的道理。

複述這件事本身就是重複刻畫神經回路的動作。寫作與說話本身，都是同時組織新回憶與舊回憶的神經刻畫過程。

人之所以沒有靈感，最大的問題在於腦袋裡缺乏了記憶點與記憶網，沒有辦法憑空組織新記憶。

我後來使用了兩個方式解決：

1. 手寫

現代人寫作的方法往往是用電腦打字。電腦打字有一個非常大的缺點，就是太干擾注意力。螢幕上能夠吸引注意力的地方太多，放放音樂，瀏覽器來個通知，你的注意力就瞬間不見。

所以大家往往對著空白的 Word 抓破頭，沒有靈感。

原本腦袋裡就沒有什麼記憶點了，還要同時關心那麼多東西，當然什麼都寫不出來。有靈感還好，大腦不會理會這些干擾源，如果沒靈感，憋個 4 小時一個字也沒寫出來是很正常的事。

如何快速建立起記憶網？

當我發現寫作最大的問題在於沒有辦法建構記憶網時，我開始想辦法找尋這一類的答案，最後在赤羽雄二《世界上最簡單的 A4 心智整理術》學到技巧。

這本書介紹了一個很有效的方法：A4 書寫法。

如果在職場上遇到難題解不出來，就把白紙當作「國王的驢耳朵」，把思緒倒在紙上，想到什麼寫什麼。通常在寫到第二張、第三張紙時，就會找到解法。

這個方法在我身上產生了不可思議的效果。一旦人生遇上什麼複雜難解的問題，寫一寫都找到出路了。

我後來理解到這是因為人類的工作記憶區有限，當腦袋裡面充斥著很多問題時，胡思亂想只會讓自己一點頭緒都沒有。

在紙上胡亂地書寫抱怨後，反而能夠有效穩定自己的情緒，找到幾條可行的路。

因此，當我要寫一篇文章時，我不會先打開電腦，而是打開一本筆記本，將腦袋裡想到的問題、疑惑、抱怨都寫上去。等我寫完三到四張 A4 紙，我就接近有答案甚至大綱了。

這時候我才會打開電腦，正式創作。

2. 錄音

寫作過程中還有一個比較難解決的問題，那就是有時候寫著寫著不滿意，總會寫了又改，改了又寫。

無限循環地重寫第一段到第三段。

人在寫作時，天生有個迴路會抑制進度，無限打結。

但我發現在說話時沒有這樣的問題，不會一直重複地講同一段。

所以我如果遇到創作瓶頸，會改用錄音的方式，先在紙上寫下想說的論點。

然後找一個人，對著他即席演講。再將錄音稿轉成文字。

重新寫過文字稿，變成新文章。

這樣兩個方法，輕鬆解決了我寫作上遇到的兩大卡關點。

▋ 如何搭建架構

當輸出不是問題後，下一個會遇到架構問題。

有些人的寫作障礙不是沒靈感，而是靈感太多，多到滿出來。寫的架構歪來歪去；寫超長收不了尾，無法給結論；寫到一半偏離得太厲害，必須砍掉卻又捨不得，一直在原地打轉。

這方面，我有幾個解法：

方法 1：架構大綱（正向寫法）

在紙上自由書寫完後，我會看著寫下的內容，整理出條列式大綱。

方法 2：假裝讀者問自己問題（逆向寫法）

我會在 A4 紙上問自己：「讀者閱讀這篇文章時會想知道什麼？」把問題列出來，接著按照問題回答。

比如說我在寫這一章的時候，擬的問題與大綱列表是這樣的：

■ 為什麼我老是寫作沒有靈感？

■ 為什麼看著空白檔案寫不出來？

■ 為什麼我寫很慢？

■ 明明我文思泉湧，為什麼寫出來的東西卻歪七扭八？

■ 如何寫出讓人想要傳播的文章？

■ 如何寫出讓人有行動力的文章？

■ 你想寫的跟讀者要看的東西一樣嗎？

■ 如何分別規劃大綱與實際撰寫？

■ 如何以讀者的角度問問題？

這個方法很有用的原因：一般人如果想要憑空創造一個世界，是很難正向搭建出來的。但是如果針對讀者問題來回答，許多想法會在瞬間傾瀉而出。

所以後來在創作時，我都傾向先使用方法 2，找到準確的面向。再針對方法 2 形成的宇宙觀，重新寫一份方法 1 的正向架構。

如何省力寫作

在前面，我提到錄音是一個很好的方法。

多數人寫作速度慢的原因有兩個：

- 腦袋一直糾結怎麼寫比較好
- 打字太慢導致寫作會累

這是因為「寫作」的本質，是大腦在「創造」和「編修」記憶。

寫作一段文章，得讀取寫入記憶。

說話反而沒那麼累。如果本來就是已知事實，劈里啪啦就能講一堆。

所以一天寫萬字很容易累，一天講萬字卻非常輕鬆。

以前我也寫大長篇，但是大長篇是可遇不可求的事。在2018 年後，隨著科技進步，語音辨識已經可以準確辨識中文字了。

所以我現在有時候寫作很偷懶，第一稿往往不是在電腦上寫作，而是先用手寫一份大綱稿。然後上網開直播，再對直播的音訊做語音辨識，接著編輯因此產生出來的第一份文字檔。

這個方式非常適合寫長篇。過去我在撰寫長篇文章時，往往在連載第二篇，也就是大約 5000 字時，就力氣耗盡。連載斷頭。

改用上述方法，將語音轉成文字後再修飾的好處是：

■ 中文輸入再快也只能一分鐘 60 字。如果邊寫邊想，速度可能要砍到每分鐘 20 至 30 字，一小時的極限是寫 1000 到 2000 字。

■ 當我們在直播或說話時，通常沒有辦法反覆思考太多，因此相較之下說得比較快。速度快的時候，甚至可以達到一分鐘超過 200 字。我開 30 分鐘以上的分享，結果就能有 7000、10000 字。

海明威曾說：「喝了再寫，醒了再改。」（Write drunk, Edit sober）其實就是「寫編分離」的原則，只是運用這個方法，我們不需要喝酒就能達到同樣的效果。

就算文章進入編輯階段會砍掉不少字，但最後至少能留下 60% 到 70% 的內容。

雖然編輯的時間與直接寫作的時間差不多，但是內容更精準，更豐富。而且也不容易斷頭。

這本書其實就是用這個方法誕生的。

▋ 放棄「一次就達陣」的念頭

當然，讀者讀到這裡會有個疑惑：這個方法非常適用於論說文，也可以用來寫出其他類型的文章嗎？比如：

■ 讓人想要傳播的文章

■讓人有行動力的文章

答案是沒辦法。

你同樣得採取寫編分離的方法。

寫作這一類文章是有套路的。不是靠靈感,而是靠後期加工。

比如說讓人想傳播的文章,標題一定要非常吸睛,裡面要有拍案叫絕的金句。讓人有行動力的文章則是具有強大的說服力,內含「洗腦」的策略,讓人認同你的觀點,最後產生衝動並採取行動。

一位中國的公眾號大作者就曾經與我分享他的寫作經驗。他說,任何文章都有套路可循。他在訓練底下的小編時,第一個禮拜是不給他們寫作任務,而是給研究任務。

研究 50 篇熱門文章,提取它們的標題與文案架構。

你可能不知道,像微信公眾號上專寫高人氣文章的作家,他們的寫作模式多麼不可思議。吸睛的標題初稿就有幾十個,後期透過內部編輯會議以及讀者投票篩選兩三輪,最後砍到一個。接著,先在幾十個內測微信群經過幾千個 beta 讀者試閱,才調整出真正上架的最終版本。

熱門文章不可能一次就寫好,靠的是後期加工。

如果你要想寫出這樣的文章,必須經過多次處理。方式是這樣:

■第1步：用自由書寫法組織靈感

■第2步：實際撰寫出來

■第3步：套上固定公式，調整順序

■ 你想寫的與讀者想看的不一樣

寫作卡關還會有一個原因：太在意讀者的眼光。

靈感之所以是靈感，就是因為許多記憶點能夠連結成一張記憶網。

如果要強行把讀者的觀點與你自己的觀點融在一起，並且全部寫出來，就會踢到大鐵板。

所以我現在為了寫作順暢，會比以前花上更多功夫在這三件事上：

■第一遍寫自己想寫的。

■完稿前會用讀者的角度修潤一遍。

■遇到沒有靈感時，用 A4 書寫法倒出靈感，在紙上重新組織大綱。

當然，這比直接寫文章還多上許多工序。

這套方法看似有一點複雜，其實會讓寫作更輕鬆，更沒有負擔，甚至達到想寫就寫的境界。

你也可以試試看。

» 先在紙上（A4）捕捉靈感。

» 順暢寫作的訣竅：從紙上的靈感條列大綱（正向寫法），或是假裝讀者問自己問題（逆向寫法）。

» 利用語音辨識加速完成初稿。

» 有人氣的文章無法一次寫好，還要靠後期加工。

第 5 章

持續寫作

　　這一章比較詭異，因為一般讀者實際上不會有寫書的需求。

　　但是我一方面希望讀者看到這本書是如何創作出來的（是的，本書就是用這套方法，在 7 天之內創作出來），一方面也想讓到讀者見到一個巨大任務被破解的具體過程。

　　所以我要在這裡展示極速寫書法。

■ 為什麼我要鑽研極速寫書法？

　　在自己專長的領域，將自己的獨特的見解集結發表成一本書，是許多專家夢寐以求的事。

　　話是這麼說，許多專家雖享譽盛名，卻沒有出過書。

　　這些專家不是沒靈感，而是能寫的東西太多，反而不知道如何組織出一本書。

　　再來，寫書需要一段很長的專注寫作期，一本書寫上六個月、十個月是常有的事。

　　很多人嘗試寫書卻半途而廢的原因在於：

- 專注寫作需要大量精力，專家的閒置時間特別少，沒有大段且長期的精力完成一本書。

- 寫作長篇很費勁，且時常寫完自己不滿意又刪了，來來去去總卡在前三章。

- 一本書至少需要十萬、十二萬字，不是一時半載能夠寫完。許多人寫書是因為一時興起，但是寫了兩個月只有一點點進度，很容易感到挫折然後放棄。

寫書對任何人來說，都是一個巨大的任務。我不但想挑戰這個任務，還想要找到超越常人的寫作方法與框架，當作是自己人生的一個重要里程碑。

寫出第一本書是靠逐字稿和編輯

我在業界寫過很多半公開的自學技術文章與書籍，但若要算正式書籍，我人生的第一本書是 2016 年出版的《Growth Hack 這樣做：打破銷售天花板，企業最搶手的成長駭客實戰特訓班》。

這本書的創作過程其實很不正經，然而出版後卻有非常好的成績，竟然拿下了臺灣的金書獎。

怎麼說不正經呢？因為實際上，這本書根本不是用「寫的」。

這本書的原型出自於我 2015 年開辦的成長駭客入門課程。課程十分熱門，自開辦以來，每堂課的名額供不應求。常常一

開新場次，名額在 5 到 10 分鐘之內就爆滿。

雖然講座很暢銷，我卻不開心。因為同樣的主題，每個月我都得講一遍，講到最後自己都厭倦了（我講了 17 遍）。因此我想將這套方法整理成一本書，就此收山。

但是，與出版社簽約之後，我卻遲遲磨不出稿子來，始終在前三章無限迴圈。

最後眼看交稿期要到了，我只好厚著臉皮這樣做：

- 把當時側拍課程用來檢討的影片委託給影片工作室，整理出逐字稿。
- 依據整段課程架構整理逐字稿和編修，切成十個章節，再補上一些銜接的段落與 FAQ 說明。

用了兩個星期時間，一口氣生了 8 萬字給編輯。最終書能夠出版，應該歸功於當時的編輯 Esor Huang。他為原始書稿做了大量的修飾與架構重組。

寫完這本書後，我能夠理解寫書背後的折磨與痛苦了，打死我都不想再寫第二本。

但是過了一年，我的皮又癢了。2018 年，出版社希望我寫一本關於創業的書籍，整理我創辦 OTCBTC 的經歷和創業心法，變成一本創業武功祕笈。

不是我不想寫這個主題，而是我正面臨一些寫書以外的問題：

- 我正在經營一個高強度技術公司，空閒時間特別少，沒有大段精力。

- 寫作需要靈感，而且寫長篇很費勁，時常寫完覺得不滿意就刪了，進度卡在前三章。

- 至少要寫十幾萬字，況且是創業方法論，光一章就至少要一萬字，需要耐性去整理。

但是我這次想，在 2016 到 2018 這兩年期間，我都在研究認知心理學，是不是可以利用類似的機制，讓寫作速度更快一些？

▌ 極速寫書法的背後故事

這本新書的名字叫《閃電式開發：站在風口上贏得市場，從 0 到 100 億的創業黃金公式》。我在中國連續創辦了三家企業，都取得非常好的成績。尤其是最新的 OTCBTC，更是在一年內創下年成交額一百億人民幣的瘋狂業績。在剛開站的前三個月，公司業績就成長 300 倍。這背後有一套我累積了七八年的開發方法論。

我一直很想要整理出這套方法，

- 一方面要把經驗分享給同是軟體創業圈的朋友，因為創業實在困難，我希望這本新書能提高大家創業的成功率，多開發出一些好東西。

- 一方面也是這套方法很獨特，新加入公司的人在過去都沒有

用過同樣的開發流程與視角，磨合速度很慢，我也不能每次都對新來的同事講一遍，實在很耗時間。把方法整理出來，可以當作內部的產品學習手冊。

所以我無論如何都想要寫出這本書。如果寫不成商業書籍，至少還可以當內部教材。

我在這個階段，人生已經不缺財富也不缺名氣，所以在寫書時有個另類的念頭：反正還沒有簽下任何出版約，也沒有失敗的壓力，何不拿來做「極速寫書法」的實驗呢？

▌ 極速寫書法第一版

這次在正式寫作前，我檢討了一下過去寫書時遇過的大坑，這次要針對這些問題一一擊破，重新改造寫書方式。

新的寫作步驟是這樣：

STEP 1：確定寫作的對象

之前我寫書時遇到的天字第一坑是：不知道寫給誰看。

這個問題不是只有我才有。會想寫書的人通常都有淵博的知識與故事，想要一口氣倒出來，但是通常沒有明確設定讀者是誰（反正就是想要汲取相關經驗的人），也沒有設想讀者看完之後的狀態。

所以在寫作時會出現幾種狀況：

- 什麼都想寫，目錄列出來以後，心裡開始覺得章節太多不知道要寫哪些留哪些。

- 動筆之後進入每一章陳述細節，過了兩三章，發現素材太多，可能需要寫二三十萬字。自己望而生怯。

- 覺得寫過的幾章轉折拼不起來，於是想改寫語氣和章節銜接，結果永遠陷在前三章裡無限迴圈。

其實這本書並不是我人生中的第二本書。在我的草稿夾裡面，半途而廢失敗的書非常多。因為都被我直接扔進垃圾桶了，所以大家不知道我曾經想寫這些主題。

這本書的出版對我來說很重要，我想要見到這本書面市。

為了避免重蹈覆轍，所以我不急著寫，而是先去了解「如何寫書」。一口氣買了十本教授寫作非文學類的書籍，想要找到寫作套路。

這些書教的方法不盡相同，但都明確提到一件事：「動筆前你得掌握寫作對象。書的目標對象不能是任何人，否則必然會寫偏了方向。」

既然我這本書沒有銷售上的壓力，所以我把要寫的對象定位為：給軟體創業者，或是想要用軟體創業的程式設計師。

最終目的，我想要寫給六年前剛創業的我看，其他讀者暫時不列入考慮。

STEP 2：大綱倒過來寫

我在寫作時遇到的第二大坑：寫了三章，然後改到面目全非，掉入無限迴圈。

很多人寫書寫到七歪八扭，是因為沒有設定終點，導致於中途繞來繞去，看不出結論是什麼。

我在亞馬遜網路書店上找到一本書，叫做 *The 90 minutes Book outline*，書中介紹了一個有效的擬大綱方法。

書中舉了一個例子：假設你要寫一本如何找到完美伴侶的書，章節得倒過來規劃（逆向法）。

7. 結婚

6. 建立一段快樂且充實的關係

5. 接受你的伴侶是哪一類人，不是哪一類人

4. 約會

3. 方法

2. 去哪裡可以遇到這種人

1. 定義你的理想伴侶

先設定終點，倒推回起點。

接著把大綱反過來。就是你的目錄：

1. 定義你的理想伴侶

2. 去哪裡可以遇到這種人

3. 方法

4. 約會

5. 接受你的伴侶是哪一類人，不是哪一類人

6. 結婚

7. 建立一段快樂且充實的關係

確定了目錄，就能在每一章裡面切出子目錄。這樣規劃的好處是不會中間寫一寫又偏離了主旨。

我用這個方法整理出《閃電式開發》整本書的架構。第一版是這樣：

Summary

導論
第一章　閃電式擴張
第二章　閃電式開發
第三章　本書框架

Part 1（做產品之前）

- 十倍好
- Jobs to be done
- 亞馬遜產品發布新聞稿
- Landing Page

Part 2

- User Story
- 指揮官任務
- Redmine 切任務
- 再次選代對話式設計
- 建立習慣（Onboarding）

Part 3

- Intercom
- NPS
- Referral

總結

確定架構後。我開始一章一章慢慢寫。隨著這樣推進，後面的架構也越來越明確。

最後我將書分為四大段

1. 如何找到 IDEA

2. 如何敏捷地反覆執行運算

3. 如何提高產品留存率

4. 啟動增長引擎

當然，我不是一開始就想到要把書分成四大段。

起初只有一個較粗糙的輪廓，寫完第一章之後，就比較有頭緒要如何調整後面的章節了。

而且，我這次給自己設立一個較低的目標：求寫完，不求完美。先寫完，後面要怎麼改再怎麼改。

STEP 3：規劃結構

我遇到的第三大坑：*沒辦法控制每一章要寫多少字。*

這次寫書，我改用科學化的方式規劃。經過我不科學的統計，一本非文學類書籍一般會有 10 萬到 12 萬字，頁數在 250 頁到 300 頁上下。拆分下來一章大約 7000 至 10000 字。

雖然每一章的字數看起來還是很多，但是遠比一口氣從零寫到十萬字，內心的壓力小了許多。

而且每一章通常會有三小節，每一小節的字數大約是 2000 字。

2000 字就是我平常寫一篇部落格的文字量。在寫作之前看到這個字數，心理壓力終於沒有那麼大了，並且覺得過去部落格上的舊文可以拿出來使用。

所以在寫作時，我的規劃變成：

■ 大約寫 10 到 13 章

■ 每章約有 7000 到 10000 字

■ 每小節大約寫 2000 到 3000 字

STEP 4：用直播錄製書中的故事

第四大坑：不知道怎麼為每個章節起頭。

解決了字數恐懼之後，我發現最大的難題不再是沒有靈感寫不出來，而是不知道怎麼起頭。

每一章都是這樣，寫了開頭就扔掉，一直在重寫第一段。

雖然手上有很多舊稿，但是真要組裝時，卻發現拼湊不起來。因為這些文章都是在特定情景下的獨特寫作，寫作初衷根本不一樣，很難說貼一貼、編一編就成為適合的內容。

起頭超級難寫。

於是我去觀察同領域其他人的書，看他們怎麼寫開頭。觀察下去發現，國外作者常常在每一章開頭寫故事，故事講完了才開始重點一、二、三……

一些讀者曾經跟我抱怨：「Xdite，你每次都寫論說文，寫得很好但是很難分享。其實大家都喜歡聽故事。你這次寫書多放點故事好嗎？」

我不是不想寫故事。我的經歷很豐富，但是每次在提筆時，直接寫都寫不出來，還會把故事寫成跟論說文沒兩樣。

❖ 批量生產故事

眼尖的讀者發現，我每次在 FB 直播都能暢所欲言，講一

堆故事。如果缺故事，我為什麼不用直播錄故事？

所以在寫這本書時，我做了一次大膽的實驗。展開這本書的章節，先對同事做問卷調查，然後整理出每一章需要錄製的人生故事。

然後召集了我的親朋好友，開了一次直播，連續講了十個故事。然後下載直播檔轉成逐字稿。

再把這份逐字稿剪成 10 段，貼回每一個章節。

TIPS：如何進行直播式寫作

　　錄直播是一門學問，如果沒有準備就很容易吃螺絲。我過去曾經因為開全棧營，長期需要一口氣講課 30 分鐘，所以有一套演講方法。

　　重點不在於撰寫簡報，而是思緒的架構與展開。所以我是這樣準備直播的：

- 花 15 分鐘時間用 A4 紙自由書寫該章內容，倒出腦袋思路。
- 拿著寫出來的大綱，開始直播。大概錄 20 至 30 分鐘。
- 然後下載直播影片，送去轉寫。大概也花 15 分鐘。
- 編輯轉出來的稿子，大概 3 到 5 小時。

　　看起來很花功夫，但是比傳統書寫方法快上許多。

原因在於：

1. 一般情況下無法一次寫出幾千字

除非當下充滿靈感，否則正常情況下一次寫不出幾千字。靈感來時可以直接寫 7000 字，沒有靈感時連 700 字都寫不出來。

2. 靈感會在寫作時被編輯掉

傳統寫作法要邊寫邊想邊編輯，很耗費心智。許多靈感會在寫下來之前被編輯掉。

海明威說：「喝了再寫，醒了再改。」我不喝酒，所以沒辦法用這招。但是我發現說話可以突破心靈上的限制。特別是我們在說話時偏好講故事而非重點（寫作偏重寫重點）。

3. 把每個章節視為獨立任務

以前我把每一章看作一個完整獨立的挑戰，但是一口氣輸出 7000 字並且安排好文章架構很困難。

改用直播後，只要先確立這一章大概要錄哪些主題。轉成文字稿後，再加上標題、裁減成段就可以了。

後續編輯時可以重構、精修、補圖等，寫作環節不在於一整章，而是每一章主題的邏輯排列與編輯，頓時讓難度下降許多，就跟過關斬將一樣。

STEP 5：用錄音改善寫作速度

第五大坑：打字太慢。很多東西已經講過無數遍，大腦抗拒輸出。

❖ 大腦一天的輸出字數有上限

我曾經統計過，純鍵盤寫作，一小時寫一兩千字差不多就是我的極限了。即使在狀態最好的時候，一天頂多只能寫 3000字。如果一天寫的字數超過 7000，在那一星期內就根本不想再寫一個字。

問題來了，寫作是有三分鐘熱度的，停筆太久我會乾脆放棄。

❖ 不想重寫熟悉的內容，但是可以用錄的

某些領域的內容，我已經講太多遍不想再講了。比如與成長駭客相關的主題，我統統不想重寫，因為我前前後後寫了快20 遍。即便多了許多業績增長領域的範例，細節從來沒有對外公布，但也在公司內部講過很多次。

在寫作這些主題時，我的大腦拒絕輸出。

所以我也採用了錄音的變通方式。加上說話速度大概比寫作速度快 10 倍，所以錄出來的字數大概也是 10 倍，半小時可以講 10000 字。

我發現一天甚至可以錄 5 集內容，因此缺內容時就開直播，錄完就轉成初稿。

❖ 剪輯舊演講和舊投影片

我一直有定期發表成果的習慣。不管是在內部還是外部發表，絕大多數有投影片或者錄影（這是幾年來我開始講課後養成的習慣，每一場演講都錄影）。

於是我請助理翻出過去所有的影片，全部送轉寫。最後轉出了高達 20 萬字的原始材料。這個方法非常有效率。

光是重構這些文章，每天至少可以產出 7000 字。

STEP 6：「使用者故事」決定內容

第六大坑：無法決定每一章的重點。

面對不同讀者群，每個主題要講的深度不一樣。我原本擔心沒有材料可以寫，現在改用這個方法後，手上出現一大堆材料。面對海量材料時，很難決定要寫什麼內容。

這時我靈機一動，想到我做開發的殺招：User Story。所以我對每一章都寫了對使用者有價值的事。

先決定每一章「必須有」和「應該有」什麼，把「必須有」剪進去，然後做編輯。很神奇的，「應該有」的細節就跑出來了。

這些「應該有」大多是「實作步驟」，可以從我過去六年寫的部落格裡面一一找出來。當時甚至是以 markdown 格式儲存的。

如此一來進度就更快了。所以寫《閃電式開發》比過去輕

鬆太多，就是剪貼、剪貼、剪貼、添加語氣，沒有文字材料時再打開直播錄新章節。

STEP 7：一邊寫作一邊打電動

最後一個大坑：寫作很難持之以恆。

即使用了上面那些招數，寫書還是很累。很多時候編輯太多次，我根本不想繼續下去。

而且好幾天會失去動力，只想打電動。怎麼辦？

我後來發現這件事情可以反向操作。先去打電動，打到不想再打、有罪惡感、再也不想打開 PS4、覺得寫書反而比較輕鬆。這時候打開編輯器，竟然心如止水，文思泉湧，刷刷刷就寫完了！神奇！

所以我是一邊打「碧血狂殺 2」（2018/10/26 發售），一邊寫《閃電式開發》。每當寫不下去，就去打電動（大概打一個半小時，沒有特別限制時間，但通常這時候就會感到厭倦），然後再回去寫書。寫書寫到累時，再回去打電動。

有一天我打了三次「碧血狂殺 2」，回去編了三次稿。當天產出 7000 多字高品質書稿，卻還充滿幹勁，隨時想回去「接受挑戰」。

這樣寫書不僅可以平衡壓力，速度還很快，挺有成就感。每天完稿 7000 到 10000 字，覺得自己挺有機會成功寫完一本書。

寫書期間適逢「碧血狂殺 2」發售，原本我的同事想說完蛋了，我可能寫到一半就棄坑去打電動。

結局比他們想的更離奇。我是去打電動沒錯。開始打電動後，書寫得比沒打之前還要快。遊戲破台的那一天，書也寫完了。

我發現我在打電動時，對於寫作「痛苦」的耐受能力變得特別高，甚至停不下來，寫完一章還想寫下一章。

每個人的情況不一樣，不妨找到能舒緩寫作壓力，甚至帶來更多多巴胺分泌的活動，可以比只是一直寫、一直寫還有效率。

STEP 8：修潤完稿

雖然寫完了第一版，自己在重讀時還是相當不滿意。原因在於第一版的寫作心態是完全自我的，只寫自己想寫的，沒有去顧慮讀者想看什麼。

但是書籍出版終究要賣給讀者。既然要給別人看，就要具備產品等級水準。

於是我在完成初稿之後，又用了公司內部產品上線前的檢查方法，把作品內容修了一遍。

具體作法：假裝自己是讀者，看了這本書的標題後會問作者哪些問題。

以下是《閃電式開發》所設想的讀者問題：

第 1 章　閃電式開發

閱讀本章前，讀者會問什麼問題？

- 什麼是閃電式開發？

- 你有閃電式開發的例子嗎？

- 為什麼閃電式開發非常重要？

- 要怎麼做到？有什麼關卡？

- 有什麼辦法解決？

- 這是不是特例？

第 2 章　如何低成本測試 IDEA

閱讀本章前，讀者會問什麼問題？

- 如何降低失敗率？

- 如何找到市場上的需求？

- 怎麼樣的 IDEA 適合我做？

- 如何不寫程式碼就做測試？

- 有沒有什麼例子可以參考？

- 你是如何開始的？

- 為什麼這個例子很重要？

- 這個登陸頁（Landing Page）怎麼做？有範例嗎？

- 後面的原理是什麼？

- 自己如何用同樣的方式做出來？

- 有沒有什麼需要注意的陷阱？

第 3 章　如何低成本找到正確方向

閱讀本章前，讀者會問什麼問題？

- 有沒有辦法保證自己做對了？

- 如何做？

- 有沒有具體案例？

第 4 章　程式設計師創業遇到的 99 個坑

閱讀本章前，讀者會問什麼問題？

- 為什麼我要閱讀本章？

- 有什麼比較深刻的印象？

- 為什麼我該知道這些？

- 這些跟後面的章節有什麼關係？

- 哪些上班的慣性思維跟創業完全不一樣？

- 如何預先準備好創業思維？

第 5 章　高速執行

閱讀本章前，讀者會問什麼問題？

- 你認為要怎麼高速執行？錯的與正確的

- 舊方法有什麼問題？

- 有什麼新方法？

- 什麼是 User Story？

- 怎樣用 User Story？

- 怎麼要用好 User Story，有沒有例子？

第 6 章　確保時限內完成：逆向法

閱讀本章前，讀者會問什麼問題？

- 這麼多工夫，你們怎麼準時上線的？

- 有沒有例子可以參考？

- 你認為訣竅是什麼？

- 放到專案裡面，是怎麼樣具體運作？

第 7 章　協作巨量細節但保持高速前進

閱讀本章前，讀者會問什麼問題？

- 怎麼管理這麼多專案不出問題？

- 有方法或工具嗎？

- 我該怎麼做？

- 有沒有實際案例？

- 我如何運用到自己的專案當中？

- 有沒有訣竅？

第 8 章　Onboarding UX

閱讀本章前，讀者會問什麼問題？

- 怎麼樣做出好用的產品讓使用者留下來？

- 核心關鍵是什麼？

- 如何讓使用者養成習慣？

- 養成習慣有沒有方法？

- 可以示範一下嗎？

- OTCBTC 是怎麼做的？

- OTCBTC 怎麼做測試？

第 9 章　以用戶為本的設計

- 什麼是重構式設計？

- 為什麼要用重構式設計？

- 對話式設計的核心概念是什麼？

- 有沒有具體的例子？

- 如何取得即時改善？

第 10 章　對話式設計

閱讀本章前，讀者會問什麼問題？

- 前面你提到 User Story 與畫面是分開做的，那是怎麼做的？

- 有沒有好做 UX 的密技？

- 怎麼整合功能與 UX？

- 當中有沒有什麼 UX 以外的訣竅？

第 11 章　開動你的增長引擎

閱讀本章前，讀者會問什麼問題？

- 如何開動增長引擎？有策略嗎？

- 一直下廣告曝光好像沒用，為什麼？

- 有沒有增長最有效率的方式？

- 怎麼做？

- 何時開始做？

- 有沒有什麼例子？

- 有沒有什麼該注意的地方？

- 你們怎麼做的？

第 12 章　Customer Support

閱讀本章前，讀者會問什麼問題？

- 除了建立習慣之外，上線後有沒有提高滿意度的祕訣？

- 如何找到改進的方向？

- 為什麼敢用 Intercom ？

- Intercom 貴嗎？值得嗎？

- 還有其他方法嗎？

- 可以展示一下嗎？

- 你認為這當中的關鍵是什麼？

第 13 章　閃電式時代的擴張策略

閱讀本章前，讀者會問什麼問題？

- 強敵很多，即便用這套方式能夠做出一個還可以的產品，
  但是有辦法贏嗎？有什麼訣竅？

- 你說要投機，可以講更多投機的特徵嗎？

- 為什麼要選 OTCBTC 這個題目？

- 有沒有適合我們的題目？

- 有沒有適合我們的開局戰略？

然後再根據這些問題調整書中章節的順序，並且補上漏掉的細節，有些章節甚至打掉重寫（很不幸的就是鬼打牆的前三章）。

這種寫書法的重點在於：我們以前會陷入兩難，要按照自己的想法寫？還是讀者的需求寫？

甚至在沒辦法決定的情況下，先開放給讀者試閱。通常讀者看了以後會有很多意見，但是有些作者沒辦法承受文章需要大改的事實。

這就是很多作者「三章死」的原因。

我這次的做法在於：

- 第一遍寫我想寫的，先不管讀者的意見，反正就是堅持寫完。

- 第二遍按照讀者的意見和自己模擬讀者的心態與需求，對原始章節進行大挪移式的重構。

原本前言有 5000 字，重寫後剩下 2000 字。改完之後真是好讀太多了。

▍ 極速寫書法第一版總結

總結一下我這次的心得，其實是用了軟體思維以及認知心理學去寫作。

寫書不是一口氣從第一個字寫到十萬字，而是可以拆解的任務。

大腦的暫存記憶區只有 5 格，更遑論一次寫 10000 字。大量逼自己存取暫存記憶區，大腦在那一週內會關閉存取該功能的機會。

寫作與說話速度不是等價。說話速度至少是寫作的 10 倍；說話沒有「修改」的機制，而寫作有。可以利用直播做到近似「喝了再寫，醒了再改」的效果。

打電玩時會分泌大量腦內啡，有助於降低寫作的痛苦。大腦也會把寫作視為一個挑戰關卡，而非攀登一座高山，每天都有衝動想去挑戰新關卡。

用這個方式，可以在寫作上繞過許多需要極大意志力的挑戰，相對輕鬆地寫完一本書。

我在 2018 年 10 月 13 開始動筆，11 月 6 日寫完第一版，歷經 24 天。然後又花了 6 天時間把全書大修一次。前後共花了 30 天。

周遭的專家朋友看到這個成果都嚇了一跳。

他們原本以為我是說好玩的，我那麼忙，寫書又很辛苦，

篤定我十之八九又會棄坑。沒想到我在他們眼前形同現場直播一樣（在臉書上直播、用 Github 寫作），寫出了十幾萬字，兩百多頁內容紮實的書。

■ 極速寫書法第二版

最讓他們驚訝的不只是我在一個月內寫完一本書，而是寫完之後緊接著開始寫下一本，也就是各位正在閱讀的這一本。

之所以這麼做，不是因為吃飽太閒。

我好不容易做出一個劃時代的寫書方法（一個月寫完一本份量十足的書），為了證明方法的「可重複性」和推進效率（第 3 章「刻意練習」小節裡講到的 10 倍精進法），於是我用這個方法再寫一本書，以檢討有什麼可以改進之處。

我在使用建立習慣大法時，意外發現其中的預設讀者問題更具針對性。所以我運用了這點來改良極速讀書法，重新做了一份步驟流程。

（注意：這一份流程切勿用電腦書寫，請全程用紙筆作答。）

STEP 1：定義讀者狀態

第一個步驟就是寫下讀者的狀態。A 點是讀者還沒有讀這本書的狀態，B 點是你預計讀者讀完的狀態。

A ————————————————————————→ B

1. 請在 A 下面寫沒讀這本書時的狀態

2. 請在 B 下面寫讀完這本書時的狀態

接著把讀者從 A 點走到 B 點會遇到的重大困難寫在虛線框內。

A ————————————————————————→ B

在重構這個方法時，我想到可以寫一本讓程式設計師（RD）升遷順利，找到理想人生的書來做類比。

- 性格不合適硬要做程式設計

- 不同的性格適合不同的工作方法，但是沒遇到好老師或好公司

- 待在錯的公司浪費時間

- 產業對每個年紀的要求不一，錯過黃金時段

A ━━━━━━━━━━━━━━━━━━━━━━━➤ B
不快樂的 RD   快樂的 RD

- 不喜歡和人打交道，導致無法升職

- 寫東西沒有累積，換不了工作崗位

- 做的東西沒有價值，得不到加薪機會

- 碰到職場天花板，不願意到異地找機會

- 以為 RD 生涯顛峰是創業，但是自己不適合創業

STEP 2：寫下前言大綱

這時候先在前言裡面寫大綱，因為剛開始寫時，對於要寫什麼還沒什麼頭緒。

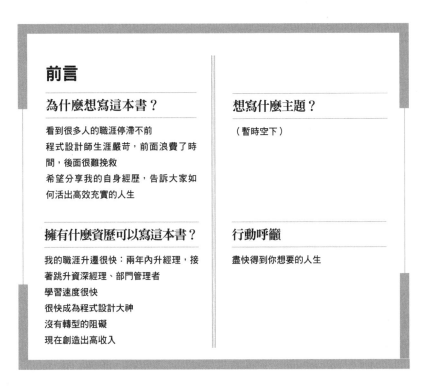

STEP 3：把「遇到的困難」反過來，變成第一版大綱

我看著第一步寫下的困難，把解法反過來整理成一條一條的「問題」。

看著這些問題，我的腦袋就有辦法順利地分類，將整本書的架構分成三個階段。

想寫什麼主題？

■ 什麼樣的性格適合當 RD ？

■ 怎樣找到好老師？

■ 找到適合自己的公司

■ 在每個年齡階段，做到適合的階層

■ 重視與人打交道，如何用這個技巧升職

■ 如何累積自己的作品和方法

■ 去國外挑戰闖蕩

■ 創業是你要的嗎？什麼樣的人適合創業？

把困難倒過來，一條一條列出

1 摸索期
2 上升期
3 開心期
4

分成 3 到 4 階段，這格就是「想寫什麼主題」的骨幹

這個方法的厲害之處，是運用了大腦的特性。

我們人類其實善於記下負面想法，也就是我們很容易察覺到世上的負面資訊，討厭一個人，可以舉出他的一大堆缺點，卻很難舉出幾個對方的優點。要籌劃一件事，可以在下意識瞬間列出一堆擔心事項，但是要寫出具體企劃時，可能兩行字都

生不出來。

有趣的是，當我們列出這些負面資訊，並且反過來看，竟然就能變成「大綱」！

我們內心其實明白如何從 A 走到 B，但是大腦的資訊不是那樣儲存的。

透過這個方式，就可以在下意識的瞬間列出大綱。

STEP 4：正式訂立題目與第一章

有了「明確的三階段」後，第一章就很好寫了。

先填入「大概會講什麼」，就可以找出「學這個的用處」，把用處總結成一句話。比如說突然間我產生出一個書名構想：程式設計師的財富自由之路。

說也神奇。因為這是個類比主題，所以我原先還想不到書名。擬書名也是寫作期間一件苦惱的事，因為書名等於是這本書的結論。

沒想到在這裡只用了三四個步驟，就把書名找出來了。

STEP 5：決定每一大段寫什麼

接下來把 STEP 3 的大綱，填入每一個階段左邊的表格裡面。

然後看著第一版的大綱，就可以找出每一章要優先寫什麼

主題了。

　　例如第一階段：程式設計師找第一份工作非常重要。重點應該放在第一份工作如何大量吸收經驗，去決定未來要往哪個方向，並且找到資源。

第一階段

想要寫什麼？	1	2
■為什麼想當 RD？ ■你喜歡做什麼？ ■找到職場上的導師 ■挑第一份工作	挑一間能夠學到很多經驗的公司（因為可以找到老師與方向） 挑出左邊框格裡最重要的先講	怎麼樣跟老師學習，並拿到更多的挑戰 挑出要講的第二順位
	3 從裡面找出想要投入的志向 從左邊框格裡挑出第三順位	**4** 留意一些常見的陷阱，例如 ■只看錢 ■只看公司大 ■浪費公司給予的機會 補充

第二個階段則是鍛鍊自己的協作能力，並且精進自己的技巧。

第二階段

想要寫什麼？	1	2
■ 累積自己的作品 ■ 找到適合自己價值觀的公司 ■ 程式設計師升級 ■ 與人打交道 ■ 出國闖蕩	如何挑第二份工作 挑出左邊框格裡 最重要的先講	如何升級 挑出要講的 第二順位
	3	4
	重視與人打交道 從左邊框格裡 挑出第三順位	如何找到國外的工作 補充或第四

在第三個階段，程式設計師不再跟人拚體力青春，而是比拚綜合技能。這個階段需要管理能力和商業理解力。

第三階段

想要寫什麼？	1	2
■ 成為經理 ■ 成為部門管理者 ■ 創業 ■ Soho ■ 跨界	晉升主管職 挑出左邊框格裡最重要的先講	創業是怎麼樣的世界，需要什麼條件？ 挑出要講的第二順位
	3	4
	Soho 與跨界 從左邊框格裡挑出第三順位	RD 會掉入的陷阱 補充

STEP 6：進行寫作

有了每一章大致上要寫的主題之後，打開章節模組。

假設自己是讀者，整理出想要問作者的幾個主要題目。

章節模組　挑一間能夠學到很多經驗的公司

為什麼要學 XXXX？

新手根本不知道自己要做什麼，所以要

1. 找一個很有挑戰的公司

2. 或者有好老師的地方

為什麼 1 很重要？

累積經驗最重要

為什麼 2 很重要？

好老師可以幫你省掉冤枉路

為什麼要做到 1？（答案 a）

職場最寶貴的是經驗，可以讓你累積資本，也可以找到方向

為什麼要做到 a？

年紀越大，做這件事的成本越貴

舉出例子

寫出自己年輕時的故事

萃取例子裡的重點

找創業剛達到 PMF（符合市場需求）的公司，找某大神剛升主管的公司

把重點變成大眾方法

方法 1，方法 2

其他靈感

故事 1

故事 2

陷阱 1

陷阱 2

其他技巧 1

其他技巧 2

如此一來，寫作就變成了回答問題，甚至可以單獨答題，就沒有那麼困難了。

▌ 示範：打造你的超人大腦

各位讀者現在看的這本書就是這樣寫出來的。

STEP 1：定義讀者狀態

看書一個字一個字看，很難學習新知
很容易放棄寫文章
規劃很容易一片空白

被自己搞得很挫折
一想努力就放棄

A ——————————————→ B

高效有方法地輸出輸入

沒有毅力做完
讀原文書費力
想加快卻絆倒
高調地宣示，結果被意志力反噬
學習後記不住
看的時候很快，但實際不會做
上課時打瞌睡

STEP 2：寫下前言大綱

前言

為什麼想寫這本書？

- 如果人腦是電腦，電腦有標準規格和配備，你也得知道，才能用得好
- 發揮你的潛能

擁有什麼資歷可以寫這本書？

- 學習很快
- 不斷找到新方法
- 高輸入、輸出

想寫什麼主題？

（暫時空下）

行動呼籲

一起邁向極速的時代

STEP 3：把「遇到的困難」反過來，變成第一版大綱

在這裡確立了，我要把這本書分為三部分：輸入、輸出、持續進步。

想寫什麼主題？	1 輸入
■ 如何記住你看完的內容？	2 輸出
■ 如何上課時不打瞌睡？	3 持久且有衝勁
■ 如何快速完成工作？	4
■ 如何有毅力地把事情做完？	
■ 如何快速地規劃工作？	
■ 如何看書很快？	
■ 如何寫字很快？	
■ 了解自己的瓶頸在哪裡？	
	分成 3 到 4 階段，這格就是「想寫什麼主題」的骨幹
把困難倒過來，一條一條列出	

STEP 4：正式訂立題目與第一章

在這裡我找到了本書的名字：打造超人大腦。

第一章

什麼是超人大腦？

Hack your working memory

學這個有什麼用？

輸入輸出很快，又持久，又上癮

你能講一下自己的例子嗎？（自己的／別人的）

極速讀書，學習，寫作，有自己的方法

大概會說些什麼？

高速輸入	上癮
高速輸出	大腦控制

學會以後的用處？

變超人（許多人只把自己當算盤）

STEP 5：決定每一大段要寫什麼

第一階段

想要寫什麼？	1	2
■ 怎麼樣看書很快？ ■ 學東西輕鬆上手 ■ 有方法的學習 ■ 刻意練習 ■ 記得很牢	了解讀書為什麼很痛苦 找到快速的閱讀方法 挑出左邊框格裡最重要的先講	學東西為什麼很慢，老師錯還是你錯 挑出要講的第二順位
	3 怎麼樣學得牢 從左邊框格裡挑出第三順位	**4** 閱讀與記錄分開 填鴨未必不好 補充

第二階段

想要寫什麼？	1	2
■ 如何輕鬆得到想法？ ■ 怎麼樣寫作不痛苦 ■ 怎麼樣快速產生規劃 ■ 大腦的迷思	如何有個開「始」 （用筆控制大腦） 然後用問題取向 挑出左邊框格裡最重要的先講	進度與上癮 編輯大法 挑出要講的 第二順位
	3 負面的輸出 從左邊框格裡挑出第三順位	**4** 人類大腦的偏好 補充

第三階段

想要寫什麼？	1	2
■ 上癮不是壞事	什麼是習慣與上癮	怎麼養成習慣與上癮
■ 你的大腦有些特性不要違逆		自我建立習慣
■ 進步	挑出左邊框格裡最重要的先講	挑出要講的第二順位

3	4
人類怎樣編碼	ORID 改良法
從左邊框格裡挑出第三順位	補充

STEP 6：進行寫作

這是我的模擬問題：

- 為什麼寫書這麼困難？

- 能分享的主題太多怎麼辦？

- 老是重複在前三段怎麼辦？

- 寫太慢怎麼辦？

- 沒辦法寫一遍就寫完怎麼辦？

- 看完初稿覺得不精采怎麼辦？

- 寫到一半沒有動力怎麼辦？

- 有沒有自己的寫作流程？

用這個新版方法寫作之後，速度竟然比之前用的方法快上許多倍。

才花了四天，我就已經寫出這本書的一半內容，字數也累積到 55000 字。

如果你一直想寫一本書，不如抱著實驗的心情，用用看這個方法吧。

■ 從極速寫書法可以學到什麼

一般人是用不上這樣的寫書方法，但是我在這裡示範的並不單是一套寫書方法，而是希望藉由這樣的方式，展示一個巨

大專案的實際解題過程。

有很多人不相信一本書能在 7 天內寫成。我本來自己也不相信。

但是我最後真的做到了，還把這樣變態的過程錄製下來。

如果你有什麼巨大的難題，不妨可以參考類似的流程。因為寫書本身就是一個巨大且超級開放的問題。

你可以參考類似的流程，搭建出自己的框架。

第 6 章

快速企劃

往往企劃案一落在自己身上，不是開始拖延，就是有可能
狀況失控，到底該怎麼做才能快速又有條不紊……

◇◇◇◇◇◇◇◇◇◇◇◇◇◇◇◇◇◇◇◇◇◇◇◇◇◇◇◇◇◇

寫書這件事可能少有人需求。所以我們這章換個主題，談
論如何進行一件大型企劃案。

工作上我們常常會遇到老闆交代我們執行中大型企劃案。
這件事對一般人的心理難度有點類似寫書：

1. 需要耗費較長的時間

2. 需要跟多人互動，並且來回改動

3. 有很多未知的風險與細節

被指派負責企劃案的人往往壓力很大，特別是如果這個案
子的類型是自己第一次被指派，往往會爆發拖延症。

▌拖延症是如何產生的

一個人之所以出現拖延症，背後原因往往是因為要負責執

行一項自己不知道難度，不知道時間長度，也不知道風險的專案，而且還要擔起最後責任。

這樣的挑戰對一般人來說，容易產生巨大的心理壓力。即便是老手，有時候也會能拖就拖。

會產生拖延症的主因是因為恐懼與負面情緒占滿了整個工作記憶，所以人下意識能不處理就不處理。

開展企劃需要很大的動力。只有當推力大於阻力時，人才會採取行動。

所以通常需要在以下三種情形才容易開展企劃：

- 以前做過知道方向
- 早上專注力高
- 有人協助

化阻力為推力

這一章我打算介紹一個方法，幫助大家化強大的阻力為助力。

前面我提到，人之所以產生拖延症是因為壓力過大，強大的恐懼與負面情緒占住了所有頻寬（思緒），大腦瞬間被一堆難題淹沒，解法都很複雜，所以大腦的策略是傾向逃避。

讓我們仔細觀察這個敘述：「大腦瞬間被一堆難題淹沒」。

在大腦的決策機制當中，負面情緒和負面記憶占有非常優

先的順序。這其實是我們的生存機制。如果沒有大腦發出危險警告，我們老早在演化過程中因為未知危險死掉了。

當你要做一項大工程時，首先很可能不會去想第一步怎麼做，第二步怎麼做，而是想：事情出包了怎麼辦？我不會做怎麼辦？

我就舉辦公室搬家為例。

假設老闆給你一個辦公室搬家的任務，你可能會感覺要癱瘓了。

腦袋瞬間浮現：我沒有做過這些事，要怎麼企劃進行？下一秒會想：辦公室要多大，坐不下怎麼辦？要買什麼家具，超出預算怎麼辦？搬家要重鋪網路，到時候沒就位怎麼辦？

不假思索就能冒出幾十個念頭，都是恐懼，沒有解法。

其實上一章講的寫大綱方法就是一個非常好的企劃方法。當你對要執行一個一時沒有頭緒的大企劃案，你可以這樣做：

STEP 1：寫下你的恐懼

拿一張 A4 紙，把擔憂的事情都寫下來。在這個搬家企劃中，我們可能會擔心：

■ 要搬到哪裡？預算會不會超過？

■ 要搬走什麼家具，哪些家具得重買？會不會漏掉什麼東西？

■ 網路移機怎麼辦？到時候沒遷好怎麼辦？

- 同事搬東西時出現一團亂怎麼辦？

- 搬家要花時間，公司生產效率會落後幾週，怎麼辦？

- 換新址後通勤時間變長，通勤費用變高怎麼辦？

- 有很多電腦要搬移，途中摔壞或遺失怎麼辦？

- 萬一現在選擇不多，只能遷就不好的辦公室怎麼辦？

- 新辦公室沒有舊辦公室舒適，同事會抱怨怎麼辦？

- 什麼時候要宣布搬家？如何宣布才不會讓同事有激烈反應？

STEP 2：問題反過來變成待辦清單

這時候再拿一張紙把這些問題反過來，變成一條肯定句的任務。

- 與老闆確定搬家可能的區域，預先聯繫該區房屋仲介。

- 詢問老闆辦公室每個月預算（含最終開銷）。

- 列出大項家具清單。對每樣家具做最初的搬遷評級，評估費用、重買難度與成本。

- 調查如何申請新網路，網路頻寬上限，以及網路申裝需要花費的時間。

- 預先清點每個同事所需紙箱，先行購買紙箱的數量。

- 預先清點每個同事個人辦公設備，計算包材數量以及保險費用。

- 找出誰在搬家期間生產力會受到嚴重影響，預先做好排班調配。

- 私下調查每個員工的通勤狀況，並向老闆申請通勤津貼。

- 調查每個同事的電腦設備清單，預先估算保險費用，並向老闆報備。

- 先開出預算與需求讓仲介尋找，訂出上限與下限。

- 找出同事最喜歡舊辦公室的哪些特點，想辦法移植到新辦公室。

- 在搬家前兩週向大家宣布，並且有搬家 SOP。

- 預先確定好裝潢工期、搬遷時間、最快可搬入時間。

　　相信我，列出問題不會花你超過十分鐘的時間。寫出那些牢騷、抱怨簡直如行雲流水般容易。

　　然後把問題反過來寫一次，你幾乎就掌握了 80% 的待辦事項。

　　這個方法很神奇，原理是利用潛意識推進，我們大腦潛意識裡面早就知道要做什麼，只是不是以正面的方式存在。

　　有了任務清單後，事情就變得很簡單，可以拿著這份清單開始找人協助或者確認細節了。

▍ On Time, On Budget

　　什麼是老闆眼中的成功？通常成功的專案有三個特徵：

- 如期完成
- 按預算完成
- 成功達成預先目標

按預算完成

我們先來聊聊如何將花費控制在預算內。

第一個原則：每一個專案的預算都會超支。一般公司的中型專案超支大概會落在 20% 到 25%。

也就是當你在估預算時，必須要把預算先打 8 折，到時候才會有超支的空間。

不然腦子裡老是要想著省錢。

有時候某些項目省過頭，卻意外因為這個省錢方案而花上許多額外開銷（最常看到為了降低成本反而花更多錢的故事），還不如一開始就在 8 折以內的預算裡面放心採購。

如期完成

我在做專案時有一套逆向法。方法是這樣的：假設工期有 45 天，我會把整個案子分成四個部分討論

- 準備期
- 實作期
- 細節期

■ 風險事項

以 45 天來說，我會先保留三分之一的時間，也就是有 15 天的時間先不規劃任何事項，將期限直接提前到 30 天要做完這個工程。

再把 30 天切成 3 個工期，每個工期各 10 天。

為什麼要這樣做呢？很多人做專案是線性思考，也就是碰到問題才解決問題。碰到另一個問題又衝去救那個問題。光救火就把時間用完了，無法分工。

先明確保留下 15 天的工期有兩個好處：

1. 有時間處理意外事項（意外遠比你想像的多且難，還會受到驚嚇）。

2. 砍掉三分之一的時間，拉近最後期限，有助於改善拖延症。

說到要促進行動，推力是很重要的因素。當時間緊迫的時候，人會下意識快速篩選出什麼是重要的，什麼不重要，什麼事項之後再做，什麼完全沒必要現在糾結。

▌ 風險事項

從以上的待辦清單中會發現，可能出包的地方絕大多數在外部因素：沒辦法預估公司外部人員的辦事效率，或者非自己部門的執行細節。

- 裝潢時間

- 最快可搬入時間

- 仲介找房速度

- 簽約交屋速度

- 網路安裝時間

- 家具購買運送時間

- 公司運營調度

1. 準備期（10 天）

所以第一階段應該做的是：

- 先找老闆討論區域與預算，聯繫仲介看房。抓看房的時間，並且決定新辦公室的下限需求。

- 先去電信公司諮詢裝機事宜，找出最晚應裝機時間，並且提前聯絡網路設備廠商。

- 預先抓出施工最晚開始時限，最晚完工時限。

- 通知部分負責人，討論搬家事宜上的人員調度。

這時候可以先讓最容易出現問題狀況的事項擁有最大的時間彈性，可以第一時間把任務分派出去。並且開始準備：

- 列出公司內大項家具清單。對每樣家具做最初搬遷評級、評估費用、重買難度與成本。

- 預先清點每個同事所需紙箱，先行購買紙箱。

- 預先清點每個同事個人辦公設備，計算包材數量以及保險費用。

- 私下調查每個員工的通勤狀況，向老闆申請通勤津貼。

2. 實作期（10 天）

　　新辦公室差不多確定了，這時候可以開始：

- 聯繫工班進場

- 申請網路

- 購買新辦公室家具，布線

- 整理舊辦公室閒置的大型器材

- 聯絡搬家公司，預先做第一輪估價

- 排出搬家期間值班人力以及相關調度

- 買齊所有包材

- 安排新辦公室收貨整理的同事

- 撰寫搬家同事需要遵循的 SOP

3. 細節期（10 天）

- 搬家公司實際進場搬家

- 協調舊辦公室留守的同事幫忙打包

- 同事在新辦公室收貨，並且測試基本設施與網路

- 安排新辦公室清潔人力

- 購買辦公室小家具、綠色盆栽、零食、休閒用品等等

通常這時候應該花了 35 到 40 天左右，比原先預估的時間還少了 5 到 7 天，預算可能也抓得剛剛好。

▌Onboarding 找出思考死角

在細節期時，我還會用一套自創的 onboarding 方法去找出細節裡面有可能出包的地方（也會在下一階段的「習慣」章節裡面談到）。

比如以搬家來說，我會設計以下的問題問自己：

- 在開始搬家前，同事會問你什麼問題？

- 在開始搬家前，可能會忘記做什麼事而搞砸搬家行動（事後會抓狂的點）？

- 同事最常做什麼「正確的事」得到很好的結果？

- 同事最常做什麼「錯誤的事」得到很糟的結果？

- 開始準備搬家時，如何檢測同事做了「正確的事」或是「錯誤的事」？

- 同事如何聯絡你修正問題？

- 怎麼做事後補償的方案？

開始搬家前，同事會問你什麼問題？

- 要搬去哪裡？

- 新辦公室比舊辦公室好在哪？

- 換新辦公室後，我能跟我的隊友坐在一起嗎？

- 需要打包什麼？

- 我可能要搬家，公司有辦法讓我那陣子請幾天假去找房子嗎？

- 為什麼要搬家？

- 哪些東西需要自己打包？

開始搬家前，可能會忘記做什麼事而搞砸搬家行動（事後會抓狂的點）？

- 忘記驗收網路，到時候上班沒有高速網路

- 每個人的辦公位置太小

- 忘記安排清潔人員，頭幾天沒人掃地倒垃圾

- 沒買垃圾桶、空氣清淨機、碗盤、清潔劑這些必需品

- 老闆的辦公室太小

- 忘記驗收廁所，廁所是壞的

- 忘記提醒同事電腦要備份，貴重器材外面要包好

- 忘記更改舊辦公室的水電網路帳單

- 沒有協調值班人員，結果搬家時公司癱瘓了

- 忘記做預算表給老闆，結果老闆因為超支暴怒了

- 留守舊辦公室的同事太少，缺人打包

- 新辦公室的同事做事不仔細，去了還是出一堆包

同事可以先做什麼「正確的事」得到很好的結果？

- 部門主管主動提出值班計畫，並指揮同事打包

- 每個人都預先收拾自己不重要的東西

- 個人問題會先與主管協調

同事可能會做什麼「錯誤的事」得到很糟的結果？

- 忘記要整理，最後一天才打包

- 不知道自己要幹什麼，現場一團混亂

- 沒有在自己的箱子上寫上姓名，在現場找很久

- 沒有細心包裝自己的電腦，搬運時摔壞了

開始準備搬家時，如何檢測同事做了「正確的事」或是「錯誤的事」？

- 請主管帶領各部門同事

- 指派舊辦公室負責人檢查清單

- 指派新辦公室驗收負責人檢查清單

- 準備大日曆，確認每一個時間點，哪一些東西要就位

- 發 SOP 給每個同事，請同事照著打包

- 準備工作值班表，確認每一個時段都有人上班

同事如何聯絡你修正問題？

- 公布負責人電話和 Line

- 具體指定負責同事，以及如何與負責同事合作細項

- 設立搬家負責人討論群組，全公司的搬家群組

怎麼做事後補償的方案？

- 向老闆申請備用預算

- 如果真的來不及，先行求援

- 發給同事補償津貼

▌ 用問題挖出深層細節

　　問完一輪問題，就會發現還是有很多細節和驗收清單需要補。但是到這個時段，應該已經抓出 99% 要做的事情來了。

　　在實作期間也可以陸續抓出輕重緩急，分派出去。

　　寫大綱法和習慣建立法為什麼這麼有效？因為人類大腦不

容易處理發散問題，而且規劃未知事項遠超過一般人的大腦運算能力，還會帶來恐慌。再者，一般人通常只能一次做一件事，並且喜歡以問題導向，專心解決眼前的目標。

所以我們把大腦的特性反過來利用。反轉負面思考，迅速找出事情的全貌，並且利用問題導向找出真正的細節，做到 On Time, On Budge。

» 恐懼及負面情緒是造成「拖延症」的真凶，善用「寫下恐懼→將恐懼事項反轉成任務清單」，簡單讓阻力化為助力。

» 條列出企劃的「風險事項」、「準備期」、「實作期」、「細節期」，按部就班達到「如期完成」、「按預算完成」及「完成預定目標」。

» 運用習慣建立法找出思考死角。

持續進化

第 3 部

第 7 章

習慣與上癮

在這本書裡面，我介紹了很多高效實作法。但是我要如何堅持下去，甚至養成習慣呢？

我們都羨慕業界的專家與大師，覺得他們做的事難度很高，卻不斷挑戰自己的極限，每天樂此不疲。究竟他們有什麼超越常人的意志力與專注力，才能保持這些習慣？

答案可能跟大家想的不一樣。

專家與大師的意志力可能與一般人相差無幾。如果讓他們去挑戰不熟悉的領域，可能也沒有高效輸出與忍耐力。

他們在專長領域裡能夠維持熱情高輸出，背後道理會讓一般人震驚：「做很簡單的事情，每天還有那麼高的成就感，不是習慣而是上癮。」

如果你去觀察那些健身魔人，你會發現已經不是健身的好處促使他每天鍛鍊自己，而是運動已經形成習慣甚至上癮，成為「日常」，做了會得到很高的有形或無形回饋（並且覺得自己越練越帥）。

養成習慣

人類絕大多數的行為是靠大大小小的「習慣」組成。

「習慣」就是做過的事情重做。如果行為不靠習慣堆砌，每一樣事不分大小都需要大腦決策的話，大腦根本忙不過來。

要成為高效的工作者，肯定得把挑戰的事情打造成習慣，不假思索就能運作。

要怎麼樣對一件有難度的事養成習慣呢？

關於打造習慣，認知心理學有一個公式：

習慣＝誘發→慣常行為→獎勵

「誘發」、「慣常行為」、「獎勵」就是打造習慣的三個要素。

如何促成「慣常行為」

在養成習慣期間，建立慣常行為的課題最有挑戰。

認知心理學有一個福格行為模型。福格教授（B. J. Fogg）認為，任何行為都有三個條件：

行為＝動機＋能力＋契機

通常我們選擇不去做一件事，往往是因為動機不足，或是能力不足以克服挑戰。也就是阻力大於推力。

既然是這樣，只要對症下藥就行了。

促成行為主要有兩個方向：

1. 提高動機

2. 提高能力（降低難度）

提高動機

以我寫《閃電式開發》為例。

之所以想寫這本書，因為對自己來說有一個「偉大的目的」。我想把過去六年研究出來的創業方法保存下來，甚至希望能夠成為一本對社會大眾有幫助的創業方法聖經。

再加上我一開始就抱著沒有商業出版也沒關係的心態，至少能成為一本員工手冊。

降低難度

再來我分析過去為什麼每次寫書都失敗，整理出五個原因：

■ 耗時很久

■ 需要意志力

■ 沒有靈感

■ 寫到一半動力全消

■ 看不到進度

1. 寫書耗時很長

我先估算了一下長度，把工作任務拆分成心理上可接受的程度。我可以把整本書拆成大約25篇，各2500至3000的文章。因為我參加了一個寫作○○七俱樂部（規定每個月逢7、14、21、28日就得交一篇文章當作業），大不了就跟著俱樂部的節奏，最多半年可以寫完。

2. 寫作週期太長撐不下去

半年的時間還是有點久。實際可能並不需要這麼久，因為我平常極度熟悉產品開發方法論，且持續在部落格上發表，理論上有很多舊文可以直接使用。最後應該不會花到半年，最多兩三個月。

3. 寫作時沒有靈感

坦白說，我參加○○七寫作俱樂部不是每次交作業前都有靈感，反而很常在最後一刻才交。後來我用了一個方法克服這個問題。

我發現，在別人問我問題的時候，我特別有辦法解釋得頭頭是道，根本沒有靈感枯竭一說。

於是每次要交作業了還想不到題目，我就會進入公司群組，希望大家問我問題。用這樣的方式去產生題目和內容。

我也把這個方法應用在寫作上，發現真的很有效。實在沒

有靈感，就想一堆問題問自己。

4. 寫到一半動力全消

　　但是寫作，尤其是連續寫作，對大腦是一件很耗能的事。我寫不下去的時候就會想去打電動，逃避寫作。

　　可是說也神奇，每當電動打夠了，竟然就有辦法回去寫作，甚至文思泉湧，動力十足。不但不知道累，還希望多寫一點。

　　我後來才發現，這有可能是腎上腺素的驅動。於是現在要是寫累了，就會去打一場電動。

　　《閃電式開發》就是一邊打「碧血狂殺 2」一邊寫完的，這讓在「觀看」我寫作的讀者非常錯愕。按照常理不應該是這樣。打電動會讓人一頭栽入虛擬世界，寫作計畫會直接斷頭才是，怎麼會遊戲破關，書也寫完了？

5. 看不到進度，沒有回饋

　　這次我採用新的方式寫書（直播＋舊稿＋問題產生靈感），一邊寫一邊公開。每次寫文章，馬上就可以知道寫了多少字。產出速度極高，讓我很有信心地完成這本書。

　　讀者在閱讀初稿時也給予很多回饋，我每寫完一章就得到很大的成就感。

　　最有趣的是，寫書過程是全程公開的，無法造假。一個月寫出一本內容紮實的書，對任何寫作新手來說都是一項特殊成

就。還意外打造出「極速寫書法」，讓我的自信心突破天際，甚至最後對寫書這件事有點上癮。

█ 對獎勵上癮

一般我們談到「習慣」與「上癮」的態度截然不同，因為它們通常是這樣出場：

■ 養成好習慣

■ 避免成癮

其實習慣與上癮背後機制幾乎是一模一樣。

習慣的公式：習慣＝誘發→慣常行為→獎勵

上癮的公式：上癮＝誘發→行為→強有力的獎勵

主要的顯著差別在於最後的獎勵，上癮的獎勵是「強有力」的。

我會對寫作上癮有幾個關鍵：

■ 難度降低：把寫作拆得有系統、有方法，變得容易執行。

■ 慣常行為：一本書至少十章，所以我做了十次以上的長篇寫作。以前在打造產品時會研究客戶資料，發現只要一個客人在兩週之內消費我們的產品五次，從此就會成為常客。因為他們養成習慣了。

■ 對獎勵上癮：我每次寫完文章都會發表在社群網路上，收到許多不同的回饋，甚至是稱讚。後來我甚至迫不及待想得到

這樣的獎勵，每兩天就想發表一篇。

▌ 為什麼討厭工作，喜歡遊戲

我們絕大多數的日常工作是反覆做同樣幾件事。遊戲也是反覆在做同樣幾件事，其中的意義與背後機制甚至遠比工作內容簡單（只是按按鍵）。但是我們為什麼會對遊戲樂此不疲，卻討厭工作呢？

這是因為：

■ 遊戲通常有明確的目標，比如說我們現在的短期目標就是拿下這個副本；

■ 遊戲具備分數，以及明顯的計分板機制；

■ 遊戲通常有很好的回饋機制，你可以知道你組裝了什麼技能，在下一次打怪時，殺傷力是多少；

■ 遊戲允許玩家使用自己的方式破關，而工作通常不是；

■ 遊戲有很好的輔導機制，四處都有隱藏的教學引導，但人生與工作並非如此。

我們對上癮有負面印象，是因為人對一件事情上癮之後會完全栽入那個世界，而忽略其他東西。

所以我們會避免遊戲上癮、賭博上癮、抽菸上癮。我們憎恨的是「上癮」後帶來的後遺症與副產品。

但如果你想要在一個領域上有長足或者偉大的成就，不只

要進入習慣狀態，還必須進入上癮狀態，才能走到最後。

這就是熟練者與專家的最大區別。

如果要對工作上癮，遊戲是一個很好的參考指標。

■ 遊戲令人欲罷不能的祕密

一個遊戲通常會分成四個階段：發現→加入→攀登→結束。

遊戲設計師會在遊戲設計中遵循這樣的流程，確保玩家在遊戲裡逐漸摸索、養成習慣，甚至上癮。80% 以上的玩家都是這樣投入遊戲。

《遊戲化實戰全書》（*Actionable Gamification*）作者周郁凱（Yu-kai Chou）在一篇文章中拆解了這個過程。

一般的設計流程是：

■ 遊戲在「加入」階段會植入一個使命召喚，讓玩家明確知道遊戲的目的。比如餐廳類的時間管理遊戲，玩家的使命就是開一間可以準時上菜的餐廳；比如說狙擊遊戲，玩家的使命就是成為二戰戰役的傳奇狙擊手。

■ 在遊戲前幾個章節透過一系列小的教學關卡，讓玩家瞭解核心玩法，養成具體的操作習慣。

■ 透過解開小成就，讓玩家取得第一次勝利。

以狙擊遊戲來說：第一章的關卡會透過一連串小事件觸發，讓玩家學習跑步、蹲低、埋伏、進入掩體、瞄準射擊、刺殺。

在第一關結尾安排一個難度較低的魔王讓玩家刺殺，玩家會覺得自己有當狙擊手的天賦。

接下來，玩家會逐漸體會到自己有明確的升級。學會闖關後，下一步會花時間培養角色，針對自己擅長的打法去升級屬性，升級槍枝，調整武器設定，改裝零件，提高射速與子彈攜帶數量。

然後遊戲會引入「搜集寶物」元素：闖關途中無意間會找到一些稀有寶物，觸發一些徽章。有些玩家甚至不斷重玩以取得金牌獎章。

不斷出現的意外驚奇，會掀起玩家的挑戰與好奇心。

在最後，遊戲會提供「社交分享」的元素。玩家可以在社群網站上分享自己的擊殺影片以及獲取的徽章。

周郁凱認為，遊戲的行為主要受到 8 種動機驅使：

■ 核心驅動力 1：重大使命與呼召

■ 核心驅動力 2：進度與成就

■ 核心驅動力 3：賦予創造力與回饋

■ 核心驅動力 4：所有權與占有欲

■ 核心驅動力 5：社會影響力與同理心

■ 核心驅動力 6：稀缺性與迫切

■ 核心驅動力 7：不確定性與好奇心

■ 核心驅動力 8：損失與避免

　　我把成癮流程翻譯一遍，就是

■ STEP 1 遊戲目的：重大使命與呼召

■ STEP 2 遊戲玩法：慣常行為

■ STEP 3 第一個小勝利：心神振奮

■ STEP 4 技能進步：進度與成就

■ STEP 5 角色養成：所有權與占有欲

■ STEP 6 獨特的寶箱獎章：稀缺性與迫切

■ STEP 7 驚喜的關卡：不確定性與好奇心

■ STEP 8 社交分享：社會影響與關聯

　　遊戲設計師遵循類似的流程與框架，在「入門」階段植入一個個驅動核心，讓使用者沉浸享受，觸發新的迴圈。

　　如果你回想自己曾經玩過的遊戲，就會發現都是類似的模式。

■ 我如何對寫作成癮

　　上一本書的副產品就是「極速寫書法」，於是我很快就宣布要寫下一本書：《打造超人大腦》。

　　因為我已經不再畏懼寫書，甚至把這件事當成一個好玩的遊戲。

我在上一本書時創造了一個紀錄：一個月寫完。所以我迫不及待想知道下一本書究竟能夠寫多快，寫作技巧能夠如何精進。於是這 8 個步驟是這樣：

- STEP 1 遊戲目的：以不可思議的速度寫出一本書，並改進寫作方法。

- STEP 2 遊戲玩法：以更有效的方式改進流程，更快更不費力地產出文章。

- STEP 3 第一個小勝利：寫第一篇文章的時候，發現寫作的速度更快了。一小時就能寫出 3000 多字，並且耐心地一次產生 7000 多字而不感到厭倦。

- STEP 4 技能進步：寫完五章只花了四天，產出了 55000 字。

- STEP 5 角色養成：大大改進了寫作方法，把極速寫書法拿來跨界使用。

- STEP 6 獨特的寶箱獎章：打破紀錄在一週之內寫完一本書。

- STEP 7 驚喜的關卡：讀者讚嘆不科學，作者連載的速度竟然比他們讀書快。

- STEP 8 社交分享：臉書社團每日有大量新成員湧入。

進入心流（FLOW）時刻

在工作或遊戲裡面，有一種令人羨慕的時刻叫「心流」。

「心流」時刻指的是全神貫注在做一件事，忘記時間的流

逝，飛快地自動運轉，感到十分愉悅，不感覺累。

一般來說，觸發心流的條件是：

■ 技能程度與問題難度匹配。不至於難度太高，無法挑戰

■ 設立明確而具體的目標

■ 主動尋找回饋

但是一般人還是很難進入心流模式，很大的原因在於：通常老手容易進入心流，因為他們已經知道做這件事的陷阱在哪裡，很容易避開；新手在挑戰時容易被一些奇怪的原因打擊，在半途莫名其妙陣亡，因此不容易進入心流。

所以我認為在學習時，要打造心流時刻還需要加上幾個關鍵方法：

■ 找到常見的勝利方法

■ 避免常見的死亡途徑

當我要挑戰一個新題目時，會先去買下大概 10 到 15 本相關領域的書，接著

■ 觀察專家的成功模式

■ 觀察半途而廢的人是踩到什麼地雷

然後在練習技能時嚴守這兩條線，盡量採用成功模式，絕對不去踩地雷。

如此一來，取得「第一個小勝利」的機率就非常大。

可以的話，甚至會對技能學習跑一次 onboarding（我必須強調，這套方法太萬能了）。

- 學習前，我對這件事情有什麼疑問？

- 開始學習前可能會不小心犯什麼嚴重錯誤（事後會抓狂的點）？

- 其他人最常做什麼「正確的事」，達到很好的結果？

- 其他人最常做什麼「錯誤的事」，產生很糟的結果？

- 開始學習時，如何檢測自己做了「正確的事」或是「錯誤的事」？

- 如何找到人幫助自己前進？

- 怎麼補進度？

- 如何消除過程中可能的挫折，讓推力始終大於阻力？

» 建立起自己的框架，盡量降低要挑戰的難度。

» 找到提高動機的「補充劑」，可以是打電動，可以是美食，或者是社交獎賞。

» 為整套習慣流程建立正向循環。

第 8 章

精力管理與幸運

幸運不是天生，而是製造出來的！？

◇◇◇◇◇◇◇◇◇◇◇◇◇◇◇◇◇◇◇◇◇◇◇◇◇◇◇◇◇◇◇◇

對很多人來說，在工作之外進修相當辛苦。特別在這個知識爆炸的時代，更有追都追不完的無力感。很多人認為我有無窮無盡的精力學習與進化，到底是怎麼做到的？

所以這章我們要來談的是如何做精力管理。

首先，一個人並沒有無窮無盡的精力，更精確地說，人沒有無窮無盡的注意力。

很多人覺得我一天能做很多事。但事實上，我跟所有人一樣有肉體上的限制，沒有更多的優勢。要真的說，我每天也只有五個小時的高效專注力。

我有的，是使用方法的優勢。以及知道如何正確投資這五個小時去哪裡。

在全棧班的學習過程中，我介紹了一個簡單的科學日記範本 ORID 總結法。如果你有興趣看看全棧班同學怎麼使用

ORID 日記範本，可以搜索「ORID Logdown」這個關鍵字。

■ 找出幸運公式的日記：ORID

- ■客觀／事實（Objective）：你對於今天所學記得些什麼？

- ■感受／反應（Reflective）：用一句話形容今天的情緒（高峰、低谷）。

- ■意義／價值／經驗（Interpretive）：今天學到什麼？有什麼重要的領悟？

- ■決定／行動（Decisional）：用一句話形容今天的工作，明天要繼續哪些工作。

　　這四步可以精確梳理你今天的學習收穫。剛開始頭兩天的效果還不明顯，寫過一兩個星期，你就會發現做這件事的好處。很多同學光看一兩個星期寫下的日記，就可以發現自己的幸運公式和倒楣公式。

　　而且你會發現，全部同學的幸運公式幾乎都落在同樣的地方。

　　也就是說，幸運永遠出現在高效運用自己總結出來方法的時候，閃過昨天的坑並且成長；倒楣公式是熬夜鬼打牆，解決不了 bug。

　　ORID 實質做的事就是客觀反省自己的作息規律，找到自己的幸運時間、幸運方法，倒楣時間、倒楣方法。

為什麼我要介紹這個方法？

過去我還在當經理的時候觀察到一個現象，也就是幸運是與注意力掛鉤的。在我管理過的所有技術團隊裡面有一則鐵律，我們有所謂的「絕不部署時段」。

絕對不部署時段有兩個：

1. 中午十一點半到十二點

2. 下午五點半以後

為什麼這兩個時段不部署呢？

因為我注意到一件事：時常加班的人為什麼會加班到超時？

因為他們往往在「肚子餓」的時段部署，打算部署完就去吃飯。但是因為餓，精力嚴重不足，所以部署了有問題的代碼上伺服器，客戶馬上反應服務無法使用，代碼需要修復或回滾。

於是正打算去吃飯的程式設計師在公司門口被叫回來。因為肚子餓，修復過程更容易出錯。如果你在十一點半部署，通常下午兩點半才吃得到飯。傍晚六點部署的晚上八點才吃得到飯。

自從發現了這件事，我的團隊就有了「禁止部署時段」，再也不會製造出不幸讓同事加班。

▌ 幸運和精力管理有關

所謂不幸，大多不是大家以為的「運氣差」所造成的，而

是因為注意力嚴重不足。

仔細想想，你是否有過超級倒楣的一天，倒楣日的前一天你睡飽了嗎？

這讓我得出一個結論：幸運和精力管理有關。

很多時候你不是學不會，而是在錯誤的時間、精力不足的時候學習。

很多人可能沒有想過，人的一天當中有很多零碎時間，但是這些零碎時間可能只值得「回顧提取」，而不是讀書練習。

就我自己學習的時段，我觀察到我的最高效作息時間是這樣：

■ 早上十點處理公司的雜事，回信，與同事討論

■ 下午兩點專心寫作，提煉與整理技術到六點

■ 晚上十點以後搞科研和主動學習到半夜一點

其餘時間如洗澡時用來 ORID。

每個人的高效時間不一樣。不要用力過猛，想把所有的時間全部拿來學習，或全部拿來做事。

有了這個基礎概念之後，我還會建議其他人，當你覺得倒楣的時候就趕快去睡覺，因為迷信的說法是倒楣運頂多一天，覺得自己倒楣，就去把霉運睡掉。

背後的科學道理實質上只是恢復旺盛的專注力。

反覆總結經驗，打造基礎

很多同學在全棧班心得裡面會提到一個讓我臉紅的詞：「套路王」。在他們的眼中，我似乎有無窮無盡的高效方法，用不完的金手指密技。

我並不是通靈開外掛，善於找到系統漏洞，而是一直以來我具備一個大多數人沒有的習慣：復盤。

每當學習了一項技能，執行了一個計畫，我會透過 ORID 分享總結自己的模式。科學的做法是，我會不斷挑戰類似的任務。這個習慣看似無聊，卻具備強大的好處。

有能力自動駕駛，到哪裡都順風

其實每個人學習新技能時都會有運氣，我們稱為「新手運」。並不是指新手運氣好，而是新手往往毫釐不差地執行專家的高效方法，和熟手相比顯得特別有天分。

許多新手會因此沾沾自喜，覺得復盤很多餘。但是「重複」正是能不能登峰造極的主要因素。要在一個領域裡遊刃有餘，靠的不是一套方法打天下，而是能閃坑解坑，甚至具備自動駕駛（Autopilot）的能力。

有了自動駕駛的能力，才能夠擺脫一再踩坑的地獄，往上前進。成長並登峰造極的關鍵就在於，能不能總結出自己的一套自動駕駛方法。

我在學習一項技能後，總會習慣重複挑戰專家的方法，找

出哪一些是我真正會的，哪一些我還不會，從而加強並內化成自身的本領。

簡單來說，當一個人的自動駕駛能力越來越強，他面對的就是順風球越來越多的世界。

不明白復盤道理的人只會一再掉進同樣的陷阱，有自動駕駛能力的人卻可以越來越專注於成長。

▌ 為何幸運一直來敲門？

我常被同齡的人羨慕又嫉妒：「Xdite，你實在太幸運了！」就連長年黑我的人也不得不承認，身為一個工程師，我的幸運程度往往令人歎為觀止。

有時候連我也納悶，人生越發順遂，我上輩子到底燒了幾頓香？我左思右想，在紙上畫來畫去，發現我其實沒做特別的事，大概就是做對幾件：

■ 閱讀說明書

■ 永遠選擇代價比較高的選項

■ 別做省錢的決定，也別想占別人便宜

1. 養成閱讀「說明書」的習慣

幸運公式第一條：盡量降低不幸的機率。

不知道從小何時開始，我養成了一個習慣，讓我的未來受

用無窮。凡是進入一個新領域，我必看說明書。

因為我發現，說明書往往是全天下最誠實的忠告。

在寫過無數教程後，我甚至發現一個鐵錚錚的事實：看似囉唆廢話的說明書一點都不廢，因為百分之八十的坑全都可以是說明書裡的負面教材。

做什麼事之前先看說明書，並且按照說明執行，就可以閃掉絕大多數的不幸。

2. 選擇更高一等的選項

我出社會第二年後發現一件事：任何事物都有最低成本，老老實實做事就是路最短的那一個。

後來我更意識到，任何人以自己的眼界，往往無法辨認出未來機會的重要價值。

你的眼界就是你的天花板。

為了突破這個侷限，我下意識養成了一個決策習慣：永遠走「社會相對代價」較高的選項（也就是會被笑傻子的選項）。

■ 人家抄捷徑，自己就腳踏實地做。

■ 別人使勁省錢，自己看看能不能花錢買方案解決。

■ 別人花時間盜版書籍，自己花錢快速買正版。

■ 別人覺得設備可以了，自己往往去買人家推薦的攻頂款或次攻頂款。

■別人覺得可以自己做，我花錢請專業的人幫我做。

反正人一生至少會當一次傻子，付出的代價我就當學費。

如果真不行，放棄也只是一點點的代價。

這個無意識的習慣為我帶來極大的好運，也讓我一次一次突破極限。

那多了一點點的學費，往往事後帶來數十倍的回報。

3. 專注力用在尋找幸運，而非製造不幸

我認識很多人，喜歡以自己省下多少錢沾沾自喜，而且往往用幾種手段省錢：

■花許多時間比價，尋找比較便宜的方案

■用各式手段凹人

■無視後遺症出現的機率

第一、花許多時間尋找比較便宜的方案，無非會浪費許多專注力在尋找次級（有瑕疵的）方案。既然希望自己幸運，為何不拿寶貴的專注力尋找最好的方案呢？

第二、凹人不會沒有代價，別人絕對會在別處對你挖更大的洞來補償。

第三、幸運就是出現比預期更好的結果，不幸就是出現比預期糟很多的結果。想要幸運，就是要讓不幸的機率越降越低。

說到底，用粗糙的方式省錢就是幫自己挖洞，為自己製造不幸。

逐步提升決策品質

我在總結幸運方法時，在紙上寫了十幾條公式，最終被我劃到剩三條。

這三條總結下來，說穿了只是一個道理：把自己的專注力放在提升決策品質之上。試圖每次做出更好的決策，人生才能夠更幸運。

█ 如何製造幸運？

這整本書談的都是輸入與輸出的公式。在這一章裡，我想談的是幸運是否有公式？

幸運是有公式的，甚至可以從數學的視角來看。

我們以往都認為一個人的幸運是偶然，真實世界並不是這樣。

- 幸運＝好的結果＋意想不到的放大與連鎖。

- 霉運＝壞的結果＋意想不到的放大與連鎖。

- 意外的幸運與霉運是特殊情況造成的放大連鎖效果。

- 一個人幸運還是倒楣，是基於一個幸運基數。

亦即，一件事情是否執行得好，不是 1+0.1+0.12+0.09+

0.32=1.63。

而是 1x1.1x1.12x1.09x1.32 =1.77。（加法代表錦上添花，多做了什麼。乘法代表做的每個細節比原先好了多少倍）

在小情況裡很難看得出 1.77 有什麼用。如果習慣不好，老是做出損己的決策，變成 0.97，也沒有差多少。

假設執行一件大案子，或是在一個有許多變因的大場景，我們假設 A 的平均幸運基數是 1.1，1.1^{20}=6.72。另一個人 B 的平均幸運基數是 1.01，那麼 1.01^{20}=1.22。（這個公式裡面的 20 是假設一個大事件有 20 個細節，20 個細節都比其他人好 1.1 倍。成果就是 6.72 倍）

很自然就可以看出誰是真正的傑出與可靠。

若是結果太懸殊，就會變成「意外的幸運」或「意外的倒楣」。

所以根本沒有「機會是給準備好的人」，而是只有「準備好的人得到所有機會」，因為任何壞球都會被這種人打成全壘打。

▌ 如何長保幸運？

我歸結出四個重點：

1. 反覆做才知道控制變因

很多人不愛重複做同一件事情，認為第一次拿到分數就夠

了。事實上，要得到幸運必須要反覆做，做到你知道哪些地方是關鍵，哪些無關緊要。

2. 低分馬上修正

因為幸運是乘法，只要有一個節點得到低分，必然會大大減少最終成果。要與別人拉開差異就要修正，不斷修正以提高每一個節點的成功率。

3. 把所有資源灌在幸運公式上

很多人喜歡東學一樣，西學一樣。

因為幸運是連續事件的集合，如果花錢投資得來的技能不能用在自己的幸運公式上，基本上效用趨近於零。

4. 多學一些放大器技能，如英語與程式設計

為什麼英語與程式設計這麼重要？因為英語可以放大你的幸運公式（多更多機會找到可靠的修正法），程式設計可以讓你的輸出「穩定」。

■ 幸運的基礎是做好風險管理

幸運還跟什麼有關？我覺得還跟能否做好風險管理與計算機率有關。

在這裡分享一個我最近把壞球打成全壘打的例子。

有一次，我底下的一家公司要在大阪開一次產品會議。但是去日本的前兩三天出現了颱風，臨出發的早上（大約九點）團隊坐了一兩小時的車到了機場，要辦登機時，櫃台不讓我們check in。櫃台不明說是否取消班機，但建議我們去隔壁櫃台改簽，以免原班機被取消。

　　十幾個同事都慌了，因為改簽櫃台滿滿都是人。我當下安撫大家，有颱風沒關係，真的飛不了大阪，我們就買機票飛去東京。

　　接著我請公司的行政帶著大家去吃早餐安撫情緒。點完早餐後我坐在餐廳裡盤算，要賭班機不取消，還是要採取其他措施。

　　我花了五分鐘做出一個正常人不太可能做的決定：不計一切代價買了隔天同一時段所有人的機票。

　　然後，神奇的事情發生了。在我買完所有人的機票，大家的手機都收到機票確認簡訊之後，他們的手機又響了：原先的班機被取消。眾人還在震驚之餘，我在接下來五分鐘內訂好了所有人的機場旅館。再過五分鐘，機場周遭所有的旅館都被訂光了。

　　吃完早餐後大概十一點，我好整以暇帶著整個隊伍坐車去機場旅館，安慰大家沒關係，明天再出發，今天好好休息，晚上五點我帶大家去晚餐。

　　然後我悄悄預定了市區的一間米其林一星日式燒肉，晚上

租了一台小巴進城。到了餐廳後，同事都很驚喜。那天晚上我們還開了酒，大夥非常開心，被同事譽為進公司後辦得最好的一次聚餐。

隔天我們像沒事一樣，飛到大阪繼續原先的行程。

在同事的記憶裡，出現這個插曲等同於多玩了一天，於是大家都很高興。

決策失誤即地獄

其實同事不知道：

- 如果我沒有即時買機票，五分鐘後當原班機被取消，重買票的機位要排到兩三天以後。

- 我也不可能在當下訂到機場旅館安頓同事。

- 如果兩三天後再出發，我要面臨的是讓同事回家，或是在出發機場的城市多住兩三天，然後多訂大阪的旅館兩三天。預算爆增。

- 如果兩三後天再出發，我們的旅程需要延後兩三天。剛好那時候大阪又出現一個颱風，也就是把關西機場沖毀的颱風。如果我的決策錯誤，我們不只要延遲兩三天回去，而是延遲整整一週。整個旅程會變成大災難。

有一位同事的行程是跟我們分開的。他因為簽證到期要重簽，所以機票跟我們不同航班，不同航廈出發。但我在重新訂票時也算上了他一份。

但是他的航班能夠順利起飛，於是他先我們一步，獨自前往大阪。

同事當下都覺得他能飛到大阪很幸運，其實他的惡夢才開始。

因為大阪還有颱風，所以班機延遲抵達。也是因為颱風的緣故，他只能搭 JR 前往市區。但是風速太大，JR 半途停駛，他只好用他的破英文，想辦法叫了一輛計程車，繼續前往我們訂好的飯店（計程車資是天價）。

折騰了半天，終於在晚上十一點住進飯店（原訂下午三點半抵達），而且還沒飯吃，只能吃飯店酒吧的漢堡。

同時間我們在米其林一星吃燒肉喝酒，快樂得不得了。我們故意在群組曬照片，要氣他拋棄我們獨自先跑到大阪。但是他的遭遇很慘，繼續貼牛排的照片不太人道……

經過這次事件之後，同事都讚嘆我的應變能力實在熟練，能夠將一件可能的大災難化得無風無雨，甚至有點歡樂。

獨立計算事件的機率

我並不是沒有損失。滯留在機場，多訂機場旅館，多訂大阪旅館，還多訂了米其林餐廳，讓旅程費用爆增了足足 50%。

但是，如果我沒有決定重買所有人的機票，這趟旅程會百分之百直接完蛋，同事士氣也會遭受重大打擊。

為什麼我會做出一連串正常來說不可能的決策呢？有幾個

考量點：

■ 根據我的經驗，班機極有可能取消，地勤只是不想明說。我們可以去櫃台改票，但是我帶著十幾個人，櫃檯人那麼多，一個一個改不切實際。

■ 當時所有乘客都在賭班機不會取消，隔天機票還沒開始漲，剩非常多張票。我看了一下退票規則。如果重買了機票，最後不搭退票的話，一張罰 500 人民幣。如果重買機票當保險，最後原先班機起飛了，無非就是被罰十幾張的退票錢。如果我堅持要賭人品卻賭錯了，那就不是花錢可以解決的事。當我買完機票的瞬間，原先班機真的被取消了。

■ 發生這件事，大家的情緒都很慌。金錢損失是小事，行程泡湯、會議目的沒達到是大事。所以重點是先安頓大家，安排壓驚行程。

班機被取消後，我馬不停蹄地繼續訂旅館。訂完旅館後，機場周遭所有的空房都消失了，一如我所料。

我做決策的考量點：

A. 重買所有機票＋多訂旅館表面上好像是多餘的，要多花幾萬人民幣。事情沒發生會浪費。

B. 賭人品，堅持等到航空公司宣布，宣布後再決定，這是一般人會做的選項。但是如果飛機取消了，損失難以估計。

選 A 對我來說絕對合乎邏輯。但是 99% 的人會選 B。因為怕押上 A，賭錯會多輸幾萬。

我的那位倒楣同事的決策邏輯就是類似這樣。事後我們問他為什麼會做這樣的決定，他說：

- 他的飛機要起飛了。在起飛前退票，能退的錢很少，他不想損失。卻忽略了我也幫他訂了一張機票，我完全能幫他承擔代墊機票的損失。

- 他的邏輯是照原訂行程走，住進原先預定的酒店。於是他費盡千辛萬苦，花了高額的計程車費，折騰了將近 8 小時才到。卻完全忽略了可以選擇住大阪的機場飯店，或者是 JR 下車車站附近的飯店。他只想著要去住公司安排的地方。那些計程車錢足夠他住一晚好飯店和吃一頓大餐了。

■ 一般人做決策是基於穩定世界的推理

同事有這些決策也是正常的，百分之百符合大多數人的判斷。

因為人類的大腦是為了生存進化，為了確定性與秩序而生。所以遇到突發狀況時，很多人會按照慣性邏輯走，才容易出現事與願違的方向和結果。

這些事與願違，我們通常稱為「不幸」。

尋找確定性有助於我們生存，但是在不確定性的世界裡面，會大大不利於我們的決策。

在不確定性世界用穩定世界決策法，最後造成連鎖災難最經典的情況就是旅遊。

出門在外有許多不確定性，有時候真的很靠運氣，遇上意外大多要花錢了結，甚至是取決於當下敢不敢認賠。不少人會損失慘重，完全是因為一開始的意外不想用錢解決，做出了省錢的決策，於是出現了第二次、第三次的連環意外。

我們常常聽到旅行連續倒楣的事件，很多時候是第一次就能一次性解決，而且代價不是最大，事件發生時你就必須花上這些成本，或者算是在當地因為資訊不對稱所需要付的費用。

按照生活的慣例去做決策，往往會得到一連串不好的結果。

■ 在不確定的世界裡，採用風險決策才能保持幸運

那麼在不確定的世界裡還能保持幸運嗎？特別是這個年代，什麼事情都在飛速改變，時常冒出新機會，我們怎麼保證遇到突發事件時還能得到好結果呢？

答案是沒有辦法百分之百幸運，但是策略可以轉變為風險評估。

幸運除了得有穩定技能輸出之外，還需要看每一件事情發生的風險，而不是非 A 即 B 的決策法。

若是賭輸了，並不是因為決策失誤，而是因為不確定的世界中太多資訊不完整。如果你平常的技巧熟練，但是因為資訊

不完整，也是有可能得到不好的結果。

在公司團體旅行的例子當中，我押的就是風險。之所以決定下得又快又準，因為我從事的行業充滿風險（經營數位貨幣交易所），所以下意識做風險相關的運算。

這個行業每天充斥著許多不可控因素（詐欺事件、駭客盜幣事件、幣價漲跌所引發的糾紛），我已經習慣在日常運作中加上風險控制的決策，而風險控制，就是主動控制發生的機率。

人在精力低和充滿動態因素的世界裡面，很容易下意識按照過去的經驗做決策。

若想時刻保持高度幸運，祕訣就是捨棄慣性演算法，改為風險評估，配合穩定結果輸出。這就是我能夠在高速變化的時代持續做出高品質決策的祕密。

» 回想你每一次的幸運與不幸，前一天與當天你做了什麼？用一張 A4 寫下來檢討。

» 同樣一件事不要重複犯三遍以上。

» 每次做同樣的事都比上次品質好一點。

» 你是基於「慣性」還是「概率」做決策？

第9章

跨界學習，持續增長

跨界沒有想像的那麼困難！

◇◇◇◇◇◇◇◇◇◇◇◇◇◇◇◇◇◇◇◇◇◇◇◇◇◇◇◇◇◇◇◇◇◇◇

接著要來談跨界學習，因為這也是現代人的一種焦慮。

現在的變化實在很快，很多知識學不完。科技的進化也讓我們花上許久學習的技能，一瞬間被更高效率的程式或機器人取代。不被淘汰的低標逐漸提高，學一門技能可能不夠，需要兩三門的綜合技能，才能面對現今的挑戰。

但是很多人不知道該如何是好。

我在本書最開頭提過，焦慮是這兩個因素構成的：

焦慮＝不確定（太多不知道的東西）× 無力感（太多東西沒有能力改變）

▋ 跨界學習的絆腳石

許多人知道有必要多學幾樣技能，卻遲遲不行動。

80% 的人是透過學校系統進入職場，也就是至少有 16 年

的求學時間。這造成幾種後果：

1. 以為學習一門專業要像在學校一樣，學 3 到 7 年才能專精。

2. 在 18 歲以後才被允許去追求自己想要的專業。在 18 歲之前不論多確定自己要什麼，往往都不被允許，或得不到支持。但是，追求也只允許一次的機會，選錯的話很難再重選（迫於家庭壓力）。

3. 壓抑自己直到出社會以後，做了幾年發現自己真的不喜歡，可是沉沒成本實在太大。

4. 認為學習新技能像在學校學習那樣痛苦。

我遇過的人中有 90% 不敢換到自己想做的職業，對學習新技能感到恐懼，因為他們用錯誤的角度看待跨界，造成自己的困境。

▊ 跨界讓原本的專業更精進

一般而言，如果不太討厭自己的職業，保有一定的熱情，通常 5 到 10 年就可以達到接近專家的等級。

如果精通一門技能以 100 分來計算，0 至 85 分需要 5 年。但是在同一個領域要專精到 85、95 分，卻可能要花上 10 年。

到了專家以後，職涯會面臨尷尬期，因為不管投資再多精力，收入就是上不去。只好尋找可能的方向突破。

這個情況我也遇過。我在當程式設計師達到最高等級時，專精的 Ruby 語言已經寫得很好，當時 JavaScript 突然流行起來，於是我相當猶豫，要不要去學新的語言。

學了幾個月之後，我發現 JavaScript 對我的生涯並沒有助益。如果月薪有 15 萬台幣的話，多會一門 JavaScript 並不會讓薪水變成 16、18 萬，反而還是維持在 15 萬，老闆甚至會讓我的工作更雜。

而且當我在學 JavaScript 時，發現這只是用不同的語言，把我以前走過的路再走一次。真的沒必要這麼做，加成效果不高，甚至貶損自己價值。

我相信很多人在職涯上也遇過類似的問題。

所以我用另一個角度思考，怎麼樣讓我的效率更高。我觀察到一件事，在程式開發時，我一個人寫快沒用，隊友寫的慢，我還是一樣被拖住。不如我改為精進其他技能，比如專案管理。

於是我將大量精力投注到專案管理上。投資這個技能讓我快速精進，甚至改善許多以前寫代碼的技巧，包括檔怎麼寫，介面怎麼設計，架構怎麼容易擴展，要怎麼寫作。代碼設計層次提升很多。

在短短一年多的時間裡，我的代碼程度從 85 分提升到 90 分，而且做專案的速度飛快，以前跟人做一個專案需要 3 個月，後來可以縮減到 45 天。

將專案開發壓到 45 天時，我又遇到一個瓶頸。每個專案不

管怎麼壓縮，立項就是 600 個任務，開發就是需要 45 天。多快上 5 天與 10 天，對上線後的經營沒有一點幫助。

不管我們專案開發的技術多厲害，都與網站的繁榮沒有關係。上線後客戶反應好就像中樂透，沒中獎的時候比較多。

於是我發現自己的盲點，我不懂經營網站其實是在做生意。於是我去學成長駭客的技術，摸透整個獲客留客的循環，學會提高留存率，拉高增長。以這個角度，我的開發能力再次拉高一級，從 90 分提高到 92 分，專案管理能力從 85 分上升到 170 分。

我融合這三個技能，創造了一門全新學門《閃電式開發》，能夠用來開發專案、提高收入、在時間點內上線、系統穩固，在風口上創業高速增長。

我跨界到了專案管理，不僅讓原先的技能提高了一個層次。更重要的是，我因此升到管理階層，薪水漲了一倍。我跨界到了增長領域，打通過去兩門專精的學問。創業之後，收入是原先的幾十倍。

如果我一直待在原有領域鑽研，萬萬不會達到現在的成就，因為技能和收入的增長都受限，而且年紀漸大，充滿了焦慮。

跨界原本是無心插柳，但是到了最後，每個領域的精進速度越來越快。我花了四五年的時間成為頂尖程式設計師，但是精通專案管理只花了兩三年，熟練成長駭客只花了一年多。

什麼時候適合跨界？

既然跨界威力這麼大，什麼時候適合跨界？

現在流行做斜槓青年，可是我並不鼓勵。因為自稱斜槓的青年多半是東會一點，西會一點，當然，在這個世界上要解決一件事情的確要用到多個技巧。

但是我覺得在業餘階段只能叫嘗試，不會稱之為「精進策略」。

我在剛出社會前兩年也是斜槓青年，這個會一點，那個會一點，但是薪水聞風不動。老闆覺得我什麼都會一點，但是沒有真正擅長的技能。我也覺得我的自我定位很亂。

後來我領悟到，什麼都會一點但都是業餘程度，對事業不會有幫助。我至少得把一項技能拉到職業程度。

職業程度的定義在前面敘述過，就是一出手就能搞定。你要對自己專業裡面的結構非常熟悉，可以做到出手不假思索，甚至創造出自己的方法。

連續跨了三個界之後，我發現世界上學習的道理和拆分技巧都差不了多少。既然掌握了學習原理，我學東西的速度就越來越快，個人成長猛爆上升。

如果你想把跨界當作精進策略，我建議第一件事是去找一項技能，你比較喜歡的技能，把它練到職業等級，至少到精通階段 70 分，甚至發明一套自己的方法，才符合跨界的低標。

跨界的另一個好處在於，精通者占整個業界的 10%，1% 的專家卻可遇不可求。從 85 分到 95 分要 5 到 10 年，跨一個界可能只需要兩三年。

　　你不需要在另一個領域也精通，只要到達高級新手或勝任者階段就可以了。這樣的混合物種就足以在原有領域變成百分之一裡面的人，甚至更為稀有。

　　比如說：醫師＋律師，程式設計師＋商人。

▌ 跨界的方向

　　當然，跨界方向不是隨便亂選。我認為有兩種策略：

1. 補集

　　也就是學習專業技能以外的鄰近技能。比如我原先主修程式設計，後來學習了專案管理，後面再修成長駭客，會產生跳級效應。

　　又或者我去修了認知心理學，原意是為了教會更多學生能夠有效學習，無意中又精通了產品上癮學，又無意中又推動使用者體驗（UX）技能。

2. 對立面

　　但是我後來發現，跨界對立面才是效益最大的策略。

　　什麼叫對立面？這裡舉兩個例子。

■醫師執照＋律師執照

　　是醫師又是律師的情況十分罕見，而且現在醫療糾紛很多，多一張律師執照一來可以保護自己，二來可以吸引到許多醫師為主要客戶。

■既創業又投資

　　我成功創辦幾個企業之後開始小有積蓄，就學著自己投資。我投資了自己、幾個朋友的創業項目，也開始買股票。

　　我開始研究金融學和投資理論，包括怎麼樣投資項目？怎麼樣評估一個新事業的市場價值？天使投資的策略方法是什麼？A輪到底在投什麼？

　　原來天使投資並不是發善心地投資你一筆錢，而是早期投資。投資新創企業很難賺，並不是你投資的企業不可靠，而是新創事業失敗率很高，甚至是百死一生。

　　所以早期投資的邏輯是，如果手上預算有一千萬，拿去投一百間，每間投十萬。裡面如果有一間可以回收一千倍、一萬倍，就等於有十倍到一百倍的獲利。至於哪裡容易有這樣回收一千倍且容易成功的項目呢？答案是「風口」。

　　想要創業成功且順利取得資源，應該要選擇風口項目，才會得到比較多的資金和人才，也有辦法利用手上的資源迅速起飛。風口其實就是時代的投機行為。瞭解這個投資原則，設計下一個創業項目的時候就會更理智。

　　再來是投資前會先做盡職調查，檢視目標公司的財務是否

乾淨。但是第一次創業的人多半做不好財務。我在瞭解這件事後，就把創業的財務架構做得比較清楚，有利於他人投資。

當自己跨界去看相反那一面的時候，就會發現在原先領域裡面完全沒有辦法獲得的新知識，還會明白怎樣可以把原先的事情做得更好。

■ 跨界也可以高速成長

跨界其實就是新生出一棵技能樹，然後去補完原有技能樹裡的細節（第 2 章〈如何有效學習〉）。

種植第一棵技能樹已耗去很多功夫，所以希望在種第二棵時省一點力。這也是有方法的。我建議三個方向：

1. 參考悠久歷史的領域

我之前在學代碼的時候會去看建築類的書，為什麼？

因為技術界開發軟體只有二三十年的歷史，建築有上千年的歷史，同樣要花很多人力、物力、時間去建造，只是蓋了就不能回頭，不像軟體可以反覆修改。

在建築領域可以看到很多不一樣的加速工法，有助於設計軟體架構。

2. 善用新領域的學習機制

刻苦耐勞地學習不能讓我們養成對學習的愛好。這樣學習

不僅費時，而且效率很低。

但是一般人在學習遊戲機制的時候，速度卻是非常快。許多人之所以排斥遊戲，是因為遊戲容易造成上癮；但是我們並不討厭上癮，而是討厭上癮的副作用。

遊戲界是個非常成熟的產業，開發產品的最低標準就是讓新手可以馬上上手、馬上成癮、馬上養成習慣。這在傳統學習領域裡是可望不可及的。

遊戲界裡面有許多現成方法，可以輔助我們達到高效學習。

3. 資訊流動速度十倍快的地方

以前我們學習都是靠著老師和書本，但是老師與書本傳授的可能是 10 年、20 年前的舊知識。

比如說近年很紅的 Agile 敏捷開發，其實已經發明 20 年了，而我 10 年前就在用這門開發方式，對我來說已經過時。

我現在開發專案用的是《閃電式開發》一書裡談的公式。這本書的靈感取材於史丹佛開放課程 CS183C「科技促成的閃電擴張」，課程主題就是讓以往要幾十年長成的企業，五年就可以首次公開募股。但是講師也坦承，這套閃電擴張方法才剛在美國興起，在中國已經到處都是。

我們面臨的挑戰，要學的技能，可能都不在書本、老師、任何領域中，而是在創業家的訪談影片裡。

我之所以能研發出閃電式開發，靠的也是大量觀看創業家

訪談影片，一邊學習一邊修正。

如果你所在之地無法提供讓技能升級的技術，可以選擇到領先自己國家發展數倍以上的國家學習，不讓自己的視角因地域而受到限制。

台灣在創業方面落後當今世界將近 20 年。想要精進的你，可以在亞馬遜網路書店購買英文的創業書，或者中國的創業書，就能得到很好的啟發。

▌跨界的核心要點

最後幫大家總結，順利跨界有幾個原則：

■ 原有技能必須達到精通以上。

■ 有一套自己的核心學習基礎與方法，能夠判斷學習什麼對自己有利，在跨界以後順利種出自己的樹。

■ 找到倍速發展的領域朝聖學習，加快跨界速度。

希望大家都可以突破自己的成長天花板。

» 跨界既不難也不貴，更不會花太多時間，前提是先專精一項技能。

» 跨界的方向有兩種：「補集」和「對立面」。

» 參考具有悠久歷史的領域、靈活運用新領域的學習機制快速上手、調查國際間資訊流動差來提升跨界效率。

第 10 章

如何從零開始，快速學會一門新領域

跨界學習的價值有目共睹。

在這一章。我最後想要分享一個能夠能夠更快加速學習的框架，叫做「第一性學習框架」。

我們在本書的最前面談了很多如何加速進化的技巧，主要都在談如何基於現在的根基去學習改進。

這一章我想談談如何「忘了一切」再去學習。

■ 過去限制了你的未來

最近中國出現一個很熱門的新名詞叫「私域流量」。

這是什麼呢？我解釋給大家聽。

所有電商可以大致分成三種：搜索電商、內容電商、社交電商。三種的路徑其實不一樣。

■ 搜索電商：例如淘寶這一類電商，消費者先有「需求」，接著進店裡找自己要的東西（店裡滿布「接觸點」），接著「信任」店家，下單產生交易。

■ 內容電商：商家先養著公眾號或抖音。假設是賣球鞋的，貼的文章不直接賣東西，只教你搭配，每天只發這個主題的文章（製造「接觸點」），等到你看到最後心中生火，覺得有了「需求」，因為你長期「信任」這個帳號，於是向他下單。

至於社交電商是什麼呢？假設你的 FB 朋友本來就是你的朋友（信任），假設他種哈密瓜，你每天看他發農作文（接觸點）沒感覺。等到有天想吃瓜，就會想到他最近在網路上發團購，你就會向他下單。

現在臉書上一堆人在做直播拍賣，微信一堆人在做微商，這種就稱為社交電商。

社交電商使用的就是「私域流量」，是個人帳號長期累積的「關係」與「信任價值鏈」。

公眾號的點閱率越來越低，不喜歡了要取消關注很容易。

但是如果你因為各種原因加了一個人為好友，卻不太會主動解除好友關係（含朋友圈關注）。

而很多人每天會瀏覽朋友的動態，是一個大家目前還會接收到曝光的有效管道。

所以，現在很多微信上的行銷都不直接導流到公眾號與媒體，而是導到個人帳號增加曝光度。

之所以有這樣的改變，是因為在 2016-2018 時，公眾號有流量紅利，導流很好做，點閱率也很高。但是 2018 年末開始，各個號流量下降很多。

很多人質疑是不是微信改演算法，所以才導致點閱率越來越低？

當然這有一部分可能，但是更大的原因是這樣的：

- 每個人在一開始都訂了一堆公眾號很開心，當時微信公眾號的含金量與點閱率都很高。

- 在 2016-2018 這三年，大家都高速成長了，興趣也轉移了。但是過去訂的公眾號無法一鍵取消關注。

- 每個人的微信裡面綁著錯綜複雜的關係網，有朋友，有同事。訂閱的公眾號有自己關心的主題，有工作上關注的主題，動態流變成大雜燴。

到最後很多人打開微信會覺得窒息，更別說主動追公眾號上的新文。

比如說我吧，剛註冊微信時，最初關注的都是學習社群的文章，交的都是學習社群的朋友，偶爾關注一些創業公眾號。

可是一兩年過去，這些公眾號與朋友全都變成區塊鏈社群的帳號，不然就是變成微商，整個朋友圈與公眾號的動態流變得沒法看（上面不是在炒幣就是賣東西）。

而公眾號這部分以前訂閱的內容號，對現在的我來說太淺。雖然加了一些新號，但是動態流上又老是看到一些不認可的觀點。要取消關注，刪好友，卻又捨不得。

以前我很喜歡開微信，打開就非常有收穫。但是現在公眾號裡面無用資訊太多，無法即時接收到我關注的新領域的文章，

讓我非常煩躁，非常苦惱。

問題就來了。我新對一個領域產生興趣，很想大量投入，以前用微信可以很有效地取得資源，現在卻不行。我想要交上大量新領域的朋友，加入大量的群組，又怕污染原來的帳號。

後來因緣際會去上了一門營運課學私域流量。

老師一開始要求的回家作業就是養帳號，於是我註冊了好幾個新帳號做練習。

突然我靈光一閃：既然有好多個帳號，為什麼不用其中一個帳號訂閱我想看的內容，加入新的群組呢？

這個靈光一閃的無心舉動，一舉讓我打開新世界。這個新帳號只訂閱我現在有興趣的兩個主題，只加這兩個領域的相關群組。頓時我有了新突破。我發現我竟然對這個裝了「新身分」的手機愛不釋手，每天都覺得訂閱的文章與社群能提供非常有價值的資訊。

而且我還意外發現微信紅利消失的根本原因：現在大多數人不打開微信公眾號，問題不在演算法調整，而是資訊超載，使用者無法掙脫，才降低各個動態流的點閱率。

如果一個人還是使用舊的朋友圈，舊的訂閱列表，根本沒辦法這麼暢快地逛自己新喜歡的社群，追自己想看的文章。

舊身分的世界阻礙了我們的視角，墊高了追求新知的成本。

▋ 擺脫舊視角，利用第一性原理

天才發明家，SpaceX、特斯拉汽車及 PayPal 創辦人馬斯克有段這樣的名言：

> 我會運用「第一性原理」思維而不是「類比」思維去思考問題。在日常生活中，人總是傾向於比較——別人已經做過了或者正在做這件事情，我們也就去做。這樣的結果只能產生細小的疊代發展。「第一性原理」的思考方式是用物理學的角度看待世界的方法，也就是說一層層剝開事物的表象，看到裡面的本質，然後再從本質一層層往上走。

大家都知道馬斯克能在多個領域有重大突破，就是用了第一性原理去解題。

「第一性原理」是量子力學術語，意思是從頭開始計算，只採用最基本的事實，然後根據事實推論，創造出新價值。比如說，當大家都在琢磨電動汽車該採用什麼大功率化學電池才能讓功率最大化，起火風險最小化，馬斯克的團隊想到要用 18650 的鋰電池為最小單元，容易生產，組裝，成本低，技術也成熟。

大家很驚嘆他們能由這樣的角度去思考問題，創造出新的解決方案。

如果馬斯克用原有的角度，使用以前的技術以及他人的實驗結果，必然會走入死路，無法打造出跨世代的動力車驅動結構。

這也是跨界學習最常掉入的陷阱。當我們跨到新領域時，總是不自覺地使用過去的視角、過去的經驗，去學習和對比新領域。或是乖乖踏入新領域，按照新領域的教程按步就班從基礎學起，成長速度緩慢。

如何用第一性原理加速學習

我之所以擁有快速學習的能力，主要得力於幾個因素：

1. 我不只在一個領域裡面成為頂尖專家，幾年下來已經熟練自我鍛鍊的方法。

2. 成為第一個專家也許需要經過 10000 個小時的鍛鍊，但是第二個、第三個後，我只需要 1000 小時就能達成。

3. 隨著跨入的領域越來越多，成為一個跨多個領域的專家達人我甚至不再需要 1000 小時，可能只要 300 到 500 個小時。而這個關鍵方法，就是使用第一性原理。

以下我要拿我實際學習一個新領域的方式來說明。

去年年底，我一度困惑於「價值投資」議題，決心要惡補這方面的知識。眾所周知股票價值評估與財務知識無法一蹴可幾，特別是相關書籍在坊間就有好幾百本。但是最後我不僅學成了，幾個月後甚至自己開始寫書，設計演算法。

以下是這個學習框架的步驟與方法：

STEP 1：寫下你對這個領域的所有好奇與困惑

■「價值投資」一詞出於股票市場。我對於股票市場最好奇的
　問題是：

■ 股票賺錢的原理是什麼？

■ 什麼是好股票？

■ 好股票什麼時候可以買？

■ 什麼時候應該賣？

■ 如何找到好股票？

　　這些問題，同時也是大眾對股票投資最容易有疑惑的問題。
我找答案的方法並不是去讀完大師寫的所有著作，或是全部的
選股指南，而是先去把所有的財務書籍買回來。

　　接著只做一件事：打開我看得懂的書，只專注找到這幾個
問題的答案（可以使用極速讀書法節省時間）。

■ **股票賺錢的原理是什麼？** 答案是：股是賺公司的分紅，票是
　賭一間公司的獲利機會。每個人對於一間公司獲利的預期會
　有出入，所以對股票定價會產生差異。因此賺錢方式有兩種，
　一種是等年底公司賺錢分紅，一種是針對市場預期心理，利
　用買低賣高進行套利。

■ **什麼是好股票？** 答案是：巴菲特說，好股票背後一定有一間
　好公司，而好公司的定義在於財務健康，穩定獲利成長，有
　實際業績支撐。

- **好股票什麼時候可以買？**答案是：好公司通常價格高居不下。唯有發生黑天鵝事件，例如航空公司打人事件、罷工、貿易戰等。雖然公司的體質並不會因為短期間的醜聞或事件有太大影響，但是投資者對這間公司的獲利預期會降低。特別是市場上有許多不理性的投資者，此時會喪失信心拋售。這時就是你的機會。

- **什麼時候應該賣？**答案是：當一間公司的價格明顯被炒作過高，或是體質變差，就應該賣出股票獲利了結。

　　當我知道買股票就是買公司時，接下來又有幾個基本問題：

- 如何鑑定一間公司的財務體質好不好？

- 有那麼多指標，我該看哪一個？

- 如何知道股票被低估？高估？

- 有些股票按照一般估值法顯然是低估，為什麼我進場以後還是被套在山頂上？

- 我知道要低買高賣才會賺錢，但是當股價起伏時，為什麼總是會不小心高買低賣？

- 大師不斷強調倉位要 80%，買安全的股票，賺穩定的 20% 漲幅，用 20% 的倉位去買可能漲 80% 的股票，以免受創太重。既然有可能漲到 80%，為什麼我不全倉 all in？

　　於是我又打開書，只鑽研這些問題，得到以下答案。

- **如何鑑定一間公司的財務體質好不好？**答案是：最基本的判

斷就是看一間公司的股東權益報酬率（ROE）。如果一間公司的 ROE 小於 7%，不用費心去研究。

■ 有那麼多指標，我該看哪一個？答案是：如果只看一個指標，就看 ROE。ROE 由三個指標組成：淨利率 × 總資產周轉率 × 權益乘數。

■ 如何知道股票被低估？高估？答案是：股票界最常用的估值法是本益比（每股市價除以每股盈餘）。10 倍本益比是低估，20 倍本益比中等，30 倍本益比是高估。

■ 有些股票按照一般估值法顯然是低估，為什麼我進場以後還是被套在山頂上？答案是：股票分很多種，有景氣循環股，也有一般民生消費股。景氣循環股的業績差異非常大，不能單按照 10、20、30 倍本益比去判斷。有一些股票成長動力不足，本益比也會偏低，於是買股需要參考歷史的本益比，以及其他關鍵因素。

■ 我知道要低買高賣才會賺錢，但是當股價起伏時，為什麼總會不小心高買低賣？答案是：這是因為股票分析很複雜，需要理性思考與多重判斷。但是當行情來的時候，一般人會按照最基本的感覺走，這是千古傳下來的「求生本能」。當大家在逃跑時，你會擔心；當大家在狂熱時，你會安心加碼。原始動物性的「感覺」遮蔽了理性判斷。

■ 大師不斷強調倉位要 80%，買安全的股票，賺穩定的 20% 漲幅，用 20% 的倉位去買可能漲 80% 的股票，以免受創太重。既然有可能漲到 80%，為什麼我不全倉 all in？答案是：

20% 的概率很高，不容易賠錢；80% 的概率很低，如果你選擇 all in 這些股票就跟買彩券沒兩樣，全輸光是非常有可能的事。

當我把書當作搜尋引擎，按照自己的「第一性疑惑」問了十幾個問題，讀了一二十本書之後，就對股票世界有了基本認識的大概框架。

STEP 2：找到或打造可以用二至五秒解決疑惑的工具（縱向加速）

當我對這些基本問題得到了滿足後，身為工程師的我就想去找這個領域是否有工具或圖表，能讓我用二到五秒鐘就可以查詢到一間公司的好壞。

於是我找到這些工具：

- 杜邦分析法：拆解 ROE 的成因。

- 股價的背後原理：與 OCF（營業現金流量）有強烈正相關。

- 股價是否顯然高估或低估：利用歷史本益比或是統計學上下兩個標準差，可以撈到 95% 的價格區間。

- 公司業績的好壞：應比對同領域其他公司的資料。

- 公司該年數字是否可信：應比對過去五年的變化趨勢。

一般人讀一份財務報表可能要 30 分鐘，我利用這些工具和報表，二到五秒鐘就能大致判斷一間公司體質的好壞。

一旦能加速，我與一般人的差距就會大幅拉開。

大量閱讀這些快速得到的結果，我很容易產生財報書籍案例中沒有辦法傳達的「感覺」。比如：能夠看到「即將起飛的網路股」，其財務狀況是呈現什麼樣的正向變化。「即將爆雷，體質大幅衰退」公司的財務報表又是從哪些指標與年份開始產生負向變化。

而這些都是從書籍或是一般實操投資沒辦法得到的體驗與學習。

STEP 3：利用程式大規模自動化（橫向加速）

一旦瞭解了這些工具與特徵，我會找工具看看有沒有辦法自動追蹤這些指標，做到批量的機會。比如說：

■ 找到被低估的好公司

■ 偵測地雷股的顯著特徵

■ 同行業跨世界對比

透過這些大量撈出的結果，可以看到原先財報領域裡面沒有的角度，比如說一間公司 ROE 結構的長期變化。還能夠找到財務資料明顯作假的公司，比如說淨利穩定上漲，但是股價在穩定下跌，釋放出的信號就明顯詭異。

這些透過程式批量自動撈出的結果，能給你看到一個自己原先不知道的世界。

STEP 4：利用譬喻設計新模型

我在逐漸掌握新領域的心智模型以及基本思考角度後，才會試著去找「舊世界」的「舊模型」，去找到對應的譬喻。

比如說，我發現要如何跟一個人解釋財務報表怎麼看，並不是一個一個教每個指標的意義，而是去找到舊世界相似的模型。

公司獲利股東回報率 ROE 可以比喻為母牛產奶效率。母牛產奶效率是由三個因素控制：母牛攝取的牧草營養、一年內擠牛奶的次數、擠奶器的效率。

這三個指標其實分別對應著：淨利率（獲利能力）、總資產周轉率（運營能力）、槓桿倍數（財務能力）。這三個指標後面有大概十個相關指標。

去檢視一間公司的財務好壞不需要看上一百多個指標，其實只要看十個（過去五年的變化），就能大致知道一間公司的經營好壞。

這是在財務界裡面前所未有的視角，但又極為合理。

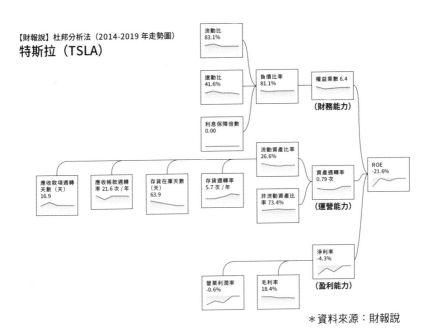

【財報說】杜邦分析法（2014-2019 年走勢圖）
特斯拉（TSLA）

流動比
83.1%

速動比
41.6%

負債比率
81.1%

權益乘數 6.4

（財務能力）

利息保障倍數
0.00

流動資產比率
26.6%

資產週轉率
0.79 次

ROE
-21.6%

應收款項週轉
天數（天）
16.9

應收帳款週轉
率 21.6 次 / 年

存貨在庫天數
（天）
63.9

存貨週轉率
5.7 次 / 年

非流動資產比
率 73.4%

（運營能力）

淨利率
-4.3%

營業利潤率
-0.6%

毛利率
18.4%

（盈利能力）

＊資料來源：財報說

第一性原理四招：拆、找、組、應

我在這裡重新整理一遍。在跨界學習上，我並不是採用閱讀基本書籍「從下而上」的緩慢方式學習，而是採用了四個步驟：

1. 拆：提出最基本的問題，專注找到基本的第一層答案。

2. 找：找到新領域已知的框架，加速看到這個世界的全貌，並透過更多的「練習」，快速感知這個世界可能的答案。

3. 組：自動化這些框架與模型，讓大量的新結果自動展示出「我不知道的東西」。

4. 應：一般世界或者舊世界應該會有類似的模型。將新領域的心得對照舊領域，就有可能找到新工具或新角度，創造新的發明。

拆解出真正需要深入理解的基本問題，一個一個回答，再重新解構，重組成新的模型、新的視角。

這樣的學習速度無比快，通常要學會看懂財務報表並做出價值判斷需要六年時間，我僅僅花三個月就學成，並且能找出在原有領域裡完全不同，又極其合理的視角。

▌ 總結

過去幾年來，我在自學上一直使用這樣的學習套路。

一般人為什麼學習沒效率，是因為他們用這樣的方式學習：在一開始一對一模擬舊環境去學新東西，但是新環境與舊環境不同，導致巨大的學習障礙。

被舊有環境限制住自己的決策與視角，沒辦法回到初學者視角、毫無雜念地高效學習。

以為進入一個新領域，就要從該領域從業者「傳統的模型」從頭學起。

其實學習向來都只是換個角度，換個順序而已。

你的效率會變得大不同！

用對大腦

終於來到本書的尾聲。

我撰寫這本書的目的，是希望逐漸改變大家的一個固化觀念。

很多人長大以後就停止進步成長了，其實不是肉體上的限制停止成長，也不是精神上的限制停止成長。

而是我們從拿到這顆大腦以來，就沒有看過大腦的說明書，一路以來暴力地在使用它。

因為小孩子的資料庫小，不看說明書憑蠻力使用，還是可以取得很好的效果，也沒有什麼資料庫一旦太大之後的寫入負擔，所以通常 15 歲之前的孩子學什麼都很快。但是我們在讀高中之後就漸漸失去了這樣的超能力。

1. 我們的資料庫越來越大，寫入越來越吃力。

2. 我們的家長，大多不允許我們把熱情投入在我們擅長且能夠極大發揮增長的領域，不但如此，如果我們執意要投入，往往還會遭受嚴厲的懲罰，或是極大的阻撓。

3. 中學時代需要巨量背誦無意義的知識和應付考試。

這些都活生生滅了我們對於學習的熱情。到了這個階段，一般人對於學習已經意興闌珊。

我們的大腦不是不管用，即便對學習不感興趣，以前在對應這個不變的世界，也剛好夠用。

在沒有什麼變動的世界，資訊流動速度緩慢的時代，窮盡一生成為一個專家，已經能超群出眾。

然而在過去二十年，世界變化得太快了：

1. 資訊瘋狂湧出

2. 取得資訊成本低廉

3. 大量重複的工作或者是勞力活，被程式或機器取代

所以大家感到焦慮以及無能為力。

人腦其實不輸給現在的程式或機器人，機器人在很多領域裡無法發揮作用。

大腦其實也沒有完全發揮作用。如果把大腦想像成是一顆486的CPU，我們的輸出都被限制在其他器官的輸出輸入速度。比如說，我們輸入麥克風的速度是一秒鐘三個字，並不是大腦一分鐘只能處理三個字。我們的手三秒鐘才能寫一個字，並不是大腦三秒鐘才能輸入一個字。

人腦的功率被限制在這些外接周邊的效率上。如果能找到方法提高輸出輸入的效率，我們進步的速度將遠超過自己的想像。

工作效率也被我們的恐懼深深影響。很多時候犯拖延症，並不是因為我們不喜歡做，而是遇到許多困難，被恐懼綁架到無法動彈。我們的工作記憶又不夠，大腦明明都有行動要點以及相關資訊，只要能解放這些恐懼，甚至利用這些恐懼，效率就會爆衝。

　　再來，自身的能力增長並沒有想像中難。我們並不是沒有辦法長跑，或是無法對一件事維持熱情，而是方法錯了。大腦內建了一個內燃機引擎機制，只要正確觸發就能高速運轉，這就是所謂的習慣與上癮。但是我們卻因為恐懼上癮，而下意識地逃避使用這個方法。

　　最後我們被自己的大腦深深綁架，我們的視角影響著我們的「幸運」、「視角」、「學習效率」。為什麼效率低？因為你以為依循過去的道路同樣可以得到好結果，結果你大失所望。因為外在因素變了。

　　保持幸運與高效需要兩個環境：改用「概率思維」和「初心第一性原理」。

　　我之所以要寫這本書，是因為我在 22 歲前被荼毒得太嚴重。在 22 歲後意外找到方向，重拾了我的熱情。從一個工程師開始，最後變成了創業者，中間還不小心當了教育者，學習如何改善學習方法與決策戰略，逆向獲知了大腦的開關，優化了自己的大腦效率。

　　在這過程中，我發現過去的工業化教育系統害我們太深，我們其實不需要走那麼多冤枉路。所以我希望出版這本書：

■ 讓已經被傷害的人找回自己落後的進度。

■ 還沒有被傷害的人可能看不到這本書，但我希望已經是爸媽的讀者不要去毒害他們。請讓他們懂得如何運用自己的大腦，跑上適合自己的程式，也許你會養出一個超人類也說不定！

　　最後希望各位讀完這本書之後，都可以讓自己長出一顆超人大腦。謝謝各位的閱讀！

極速讀書法應用筆記

書名：			要點：	
問題：				
動機：				
				察覺點：
				總結：

極速讀書法應用筆記

書名：			要點：	
問題：				
動機：				
				察覺點：
				總結：

極速讀書法應用筆記

書名：			要點：	
問題：				
動機：				
				察覺點：
				總結：

極速讀書法應用筆記

書名：			要點：	
問題：				
動機：				
				察覺點：
				總結：

極速讀書法應用筆記

書名：				要點：
問題：				
動機：				
				察覺點：
				總結：

極速讀書法應用筆記

書名：				要點：
問題：				
動機：				
				察覺點：
				總結：

極速讀書法應用筆記

			要點：
書名： 問題： 動機：			
			察覺點：
			總結：

極速讀書法應用筆記

			要點：
書名： 問題： 動機：			
			察覺點：
			總結：

國家圖書館出版品預行編目資料

打造超人大腦：極速閱讀、寫作、持續進化，新手高速成長的逆襲方程
式 / 鄭伊廷著 . -- 初版 . -- 臺北市：商周出版：家庭傳媒城邦分公司發行，
2019.08
面； 公分 . -- (Live & learn ; 53)

ISBN 978-986-477-705-1(平裝)

1. 學習方法 2. 讀書法 3. 寫作法

176.3   108012020

打造超人大腦——極速閱讀、寫作、持續進化，新手高速成長的逆襲方程式

作　　　者／Xdite 鄭伊廷
企 劃 選 書／程鳳儀
責 任 編 輯／余筱嵐

版　　　權／林心紅、翁靜如
行 銷 業 務／王瑜、林秀津
總 編 輯／程鳳儀
總 經 理／彭之琬
事業群總經理／黃淑貞
發 行 人／何飛鵬
法 律 顧 問／元禾法律事務所 王子文律師
出　　　版／商周出版
　　　　　　台北市104民生東路二段141號9樓
　　　　　　電話：(02) 25007008 傳真：(02)25007759
　　　　　　E-mail：bwp.service@cite.com.tw
　　　　　　Blog：http://bwp25007008.pixnet.net/blog
發　　　行／英屬蓋曼群島商家庭傳媒股份有限公司 城邦分公司
　　　　　　台北市中山區民生東路二段141號2樓
　　　　　　書虫客服服務專線：02-25007718；25007719
　　　　　　服務時間：週一至週五上午 09:30-12:00；下午 13:30-17:00
　　　　　　24 小時傳真專線：02-25001990；25001991
　　　　　　劃撥帳號：19863813；戶名：書虫股份有限公司
　　　　　　讀者服務信箱：service@readingclub.com.tw
　　　　　　城邦讀書花園：www.cite.com.tw
香港發行所／城邦（香港）出版集團有限公司
　　　　　　香港灣仔駱克道193號東超商業中心1樓；E-mail：hkcite@biznetvigator.com
　　　　　　電話：(852) 25086231 傳真：(852) 25789337
馬新發行所／城邦（馬新）出版集團 Cite (M) Sdn. Bhd.
　　　　　　41, Jalan Radin Anum, Bandar Baru Sri Petaling, 57000 Kuala Lumpur, Malaysia.
　　　　　　Tel: (603) 90578822 Fax: (603) 90576622 Email: cite@cite.com.my

封 面 設 計／李東記
內 頁 設 計／賴維明（雨城藍設計事務所）
排　　　版／極翔企業有限公司
印　　　刷／韋懋實業有限公司
總 經 銷／高見文化行銷股份有限公司 新北市樹林區佳園路二段70-1號
　　　　　　電話：(02)2668-9005 傳真：(02)2668-9790 客服專線：0800-055-365

■2019年8月20 日初版   Printed in Taiwan
■2023年8月17 日初版8刷
定價320元

城邦讀書花園
www.cite.com.tw

廣 告 回 函
北區郵政管理登記證
北臺字第000791號
郵資已付，免貼郵票

104　台北市民生東路二段141號2樓

英屬蓋曼群島商家庭傳媒股份有限公司城邦分公司　收

- -

請沿虛線對摺，謝謝！

書號：BH6053	書名：打造超人大腦	編碼：

 商周出版

讀者回函卡

感謝您購買我們出版的書籍！請費心填寫此回函卡，我們將不定期寄上城邦集團最新的出版訊息。

不定期好禮相贈
立即加入：商周
Facebook 粉

姓名：＿＿＿＿＿＿＿＿＿＿＿＿＿＿＿＿＿＿＿＿＿＿ 性別：□男 □女

生日：西元＿＿＿＿＿＿＿＿年＿＿＿＿＿＿＿＿月＿＿＿＿＿＿日

地址：＿＿＿＿＿＿＿＿＿＿＿＿＿＿＿＿＿＿＿＿＿＿＿＿＿＿＿

聯絡電話：＿＿＿＿＿＿＿＿＿＿＿＿ 傳真：＿＿＿＿＿＿＿＿＿

E-mail：

學歷：□ 1. 小學 □ 2. 國中 □ 3. 高中 □ 4. 大學 □ 5. 研究所以上

職業：□ 1. 學生 □ 2. 軍公教 □ 3. 服務 □ 4. 金融 □ 5. 製造 □ 6. 資訊

　　　□ 7. 傳播 □ 8. 自由業 □ 9. 農漁牧 □ 10. 家管 □ 11. 退休

　　　□ 12. 其他＿＿＿＿＿＿＿＿＿＿＿＿＿＿＿＿＿＿＿＿＿＿

您從何種方式得知本書消息？

　　　□ 1. 書店 □ 2. 網路 □ 3. 報紙 □ 4. 雜誌 □ 5. 廣播 □ 6. 電視

　　　□ 7. 親友推薦 □ 8. 其他＿＿＿＿＿＿＿＿＿＿＿＿＿＿

您通常以何種方式購書？

　　　□ 1. 書店 □ 2. 網路 □ 3. 傳真訂購 □ 4. 郵局劃撥 □ 5. 其他＿＿＿

您喜歡閱讀那些類別的書籍？

　　　□ 1. 財經商業 □ 2. 自然科學 □ 3. 歷史 □ 4. 法律 □ 5. 文學

　　　□ 6. 休閒旅遊 □ 7. 小說 □ 8. 人物傳記 □ 9. 生活、勵志 □ 10. 其他

對我們的建議：＿＿＿＿＿＿＿＿＿＿＿＿＿＿＿＿＿＿＿＿＿＿＿

　　　　　　　＿＿＿＿＿＿＿＿＿＿＿＿＿＿＿＿＿＿＿＿＿＿＿＿＿

　　　　　　　＿＿＿＿＿＿＿＿＿＿＿＿＿＿＿＿＿＿＿＿＿＿＿＿＿